𝕾cripta 𝕳umanistica.

Directed by
BRUNO M. DAMIANI
The Catholic University of America

ADVISORY BOARD

MARÍA GREVER:

POETA Y COMPOSITORA

María Luisa Rodríguez Lee

Scripta Humanistica

111

Library of Congress Cataloging-in-Publication Data

Rodríguez Lee, María Luisa.
    María Grever: poeta y compositora / María Luisa Rodríguez Lee.
        p. cm. -- (Scripta Humanistica; 111)
    Discography:
    Includes bibliographical references (p.).
    ISBN 1-882528-05-0 : $54.00
        1. Grever, Maria, 1885-1951. 2. Women composers--Mexico-
United States--Biography. 3. Popular music--Mexico-United States--
History, criticism and analysis. I. Title. II. Series: Scripta Humanistica
(Series) ; 111.
ML410.G85R63 1994
782.42164'092--dc20
[B]   93-49050
                                                                  CIP
                                                                  MN

ÍNDICE

Reconocimientos

Deseo expresar mi más sincero agradecimiento a la Universidad de Minnesota y a la Fundación Bush de esta universidad por haberme otorgado un sabático para la investigación de este estudio. Agradezco sinceramente el estímulo y apoyo de la Vice Canciller y Decana Elizabeth S. Blake de la Universidad de Minnesota, Morris y del Jefe de la División de Humanidades C. Frederick Farrell, Jr., por haber apoyado la investigación Bush. Manifiesto mi profunda gratitud especialmente al Sr. Carlos Grever, hijo de María Grever, y al Sr. Joseph Cullinan, sobrino de María Grever, por su generosa ayuda e información. Particularmente, estoy agradecida a Carlos Grever y a Grever International, S.A., México, D.F. por proporcionarme los documentos de su archivo particular; agradezco sinceramente la ayuda de su Director, Angel Hernández, y sus archivistas María Esther Cervantes, Samuel Arredondo, María Eugenia Guzmán y Claudia Fabiola González. Estoy sumamente agradecida a los archivistas Bernadette Moore de los Archivos Víctor y Edwin M. Matthias de la Biblioteca del Congreso por su dedicación e inestimable ayuda así como a las bibliotecarias Barbara McGinnis y Margaret Von Hellwig, y a Pam Gades del Centro de Computadoras de esta universidad. Agradezco de manera especial a Jenny Walter del Centro de Computadoras de esta universidad por su trabajo y ayuda con el formato de este libro.

María Luisa Rodríguez Lee
25 de agosto de 1993

1

Introducción

Es un placer cantar sus números porque son únicos en su intensidad y en su inmensa sinceridad. Enrico Caruso

María no escribe su música con tinta, la escribe con el alma. Eduardo Zamacois

Para buscar un símil hay que remontarse hasta Schubert, el apasionado compositor de los 'lieds' sencillos y reveladores de una gran alma enamorada. Julián Carrillo

Las melodías de María Grever son como rosas que con su dulce perfume nos hace olvidar las amarguras de la vida. Nemesio García Naranjo[1]

Estas frases sintetizan acertadamente la obra de la poeta y compositora mexicana, María Grever, y son parte de la innumerable cantidad de artículos, entrevistas y recortes de periódico que forman parte del archivo personal de la familia Grever. En esta colección de artículos y entrevistas puede seguirse entretejido el mismo hilo característico describiendo la obra de María Grever-- el canto del alma--como esencia ineludible comprendida por el público desde el principio de su carrera musical. "Fragmentos humanos"[2] llamó María Grever a sus canciones en una ocasión. Estos fragmentos, reflejos de la vida humana, recogen la honda experiencia del alma y la expresan en poesía y música. En la correspondencia que recibía del público refiriéndose a sus canciones, María Grever notó que "Me escriben y me dicen que yo adivino sus penas. --¿Cómo sabe usted lo que yo siento? ¿Lo ha vivido?" Ella responde con sencillez: "Pero todo el secreto está en que yo recojo fragmentos humanos, demasiado humanos, y los pongo en música. Ahí están las penas de todos: la mía, la suya, la de ella, ¡la de todo el mundo!"[3] La clave de ese secreto, por otra parte, está en el insólito doble genio de María Grever: ser poeta y compositora. Ella reunió admirablemente ambos talentos y supo evocar con ellos experiencias del ser humano.

---

[1] "Delirante entusiasmo ha producido el anunciado concierto de la Señora Grever y el tenor Dr. Alfonso Ortiz Tirado." El Continental, 13 de marzo, 1930: 3.

[2] "Entrevistas. De charla con María Grever, la gran compositora mexicana." La Opinión, 14 de marzo, 1936: 7.

[3] Idem p. 7.

Este trabajo es una tentativa de examinar la obra de María Grever con el fin de contribuir un estudio sobre su producción artística. Su carrera profesional es singular en varios aspectos. Fue la primera y única mujer latinoamericana compositora de su propia letra y música que ganó fama internacional durante los primeros cuarenta años del siglo XX . Su caso es aún más interesante al notar que en el mundo masculino de compositores mexicanos y estadounidenses en el que ella vivió según se observará adelante, sólo seis compositores poseían, como ella, ese doble talento de ser poeta y compositor. Encontrar este doble talento en compositores, masculinos o femeninos, es sumamente raro y por ese motivo, intrigante. El asunto merece ser investigado en otro estudio analizando obras de compositores que hayan existido con ese talento en años anteriores. El presente trabajo no pretende ser exhaustivo en este aspecto sino solamente presentar la obra de María Grever señalando el lugar singular que sus composiciones ocupan al lado de compositores en el mundo musical latinoamericano--masculino, generalmente. Es una tentativa de señalar la contribución de María Grever que debido a su talento y trabajo artístico enriqueció la herencia musical latinoamericana.

El enfoque principal de este trabajo es estudiar la obra poética y musical de María Grever, observando el medio musical en el que ella vivía para así contrastar y subrayar la importancia que su obra creativa aporta a nuestra herencia musical tradicional. El trabajo está dividido en dos partes y un apéndice. La primera parte consiste en la introducción y tres capítulos divididos de la siguiente manera:

a. Introducción y observaciones sobre la música latinoamericana.

b. Datos biográficos de María Grever, comienzo de su carrera artística y contraste del fondo histórico musical.

c. Década de 1920: el comienzo del apogeo de María Grever.

d. Décadas de 1930 y 1940: época de madurez.

La segunda parte está dividida en cinco capítulos que estudian la obra poética y musical de veinticinco composiciones de María Grever.

El apéndice consiste en la discografía de las composiciones de María Grever.

Observaciones sobre la herencia musical latinoamericana

Los musicólogos y compositores que examinan distintas áreas de la música de América Latina en libros y ensayos críticos nos dan una valiosa vista global de nuestra herencia musical latinoamericana. Generalmente coinciden en la evaluación de ciertos compositores, en el análisis de sus obras y de las épocas musicales. Coinciden, además, en la valorización--la jerarquización--de la música culta, erudita o académica, como la llaman algunos, así como en la evaluación de la música folklórica y la indígena. Definen claramente la tradición y el folklor de América Latina incluyendo, en algunos casos, títulos, compositores y colecciones. Sin embargo, es en esta área donde se perciben ciertos espacios vacíos en el panorama musical latinoamericano. Para tratar de entender la razón de estas omisiones, quizás sea necesario primero ver algunas definiciones de la tradición musical y descripciones de la herencia musical hispana escritas por algunos musicólogos importantes.

Alejo Carpentier con su usual lucidez escribe su punto de vista sobre, entre otras cosas, la influencia de ciertos tipos de música.[4] En su ensayo, traza elementos rítmicos y melódicos característicos de la música latina que se encuentran comunmente entretejidos en nuestra música a lo largo de la historia. El uso de estos elementos tradicionales es debido a la inherente vitalidad de su contenido emotivo y estilo expresivo. Carpentier observa que aun los "músicos contemporáneos nuestros que se las daban de vanguardistas" no rechazan "en bloque la herencia de una tradición por aquello de que, como bien lo dijo Stravinsky: una tradición verdadera no es el testimonio de un pasado trascurrido; es una fuerza viviente que anima e informa el presente."[5] Explica Carpentier que

> En partituras al parecer "cosmopolitas" por el aspecto exterior, corre sangre de tal o cual país de nuestro continente. Es, aquí, un modo de usar la percusión; es, allá, el impulso rítmico; es, más allá, el asomo de una escala, . . . de una sonoridad peculiar.[6]

Advierte acertadamente que una partitura "no es nacional ni nacionalista" por citar un tema folklórico. En su estudio, señala el origen de la música indígena, clasificada folklórica por algunos compositores, para explicar por qué fracasaron algunas composiciones al usar lo indígeno en cierta música académica de "compositores latinoamericanos cuyas obras quedaron, por lo general, al margen de la historia de la música universal--esa es la triste verdad--."[7] Algunos "mesteres de clerecía" del siglo XX, dice Carpentier, cargando

---

4   Alejo Carpentier, "América Latina en la confluencia de coordenadas históricas y su repercusión en la música," América Latina en su música, ed. Isabel Aretz (México: Siglo XXI Editores, S.A.; París: UNESCO, 1980) 7.
5   Carpentier 7.
6   Carpentier 9.
7   Carpentier 11. Ver también al respecto el importante libro de Yolanda Moreno Rivas, Rostros del nacionalismo en la música mexicana. Un ensayo de interpretación (México: Fondo de Cultura Económica, 1989).

"con sus contrapuntos y fugas adquiridas en el Conservatorio"[8] sin entender la función ritual original de los antiguos "cantos" folklóricos, los utilizaron en sus obras como temas o melodías. El resultado es que esas sinfonías o cantatas se vuelven "academismo del peor" sin vida ni fuerza destinadas "a quienes pueden adquirir una buena localidad de teatro para verle las manos al pianista o director de turno." [9]

Estas observaciones de Carpentier apuntan al estudio de la jerarquización de la música. Según él, la barrera actual entre la música culta y la música popular no existía entre los compositores europeos de los siglos XVII y XVIII: "ellos jamás se barruntaron que llegarían a ser 'clásicos' algún día, del mismo modo que nunca se sintieron medioevales nuestros 'caballeros medioevales.'" [10] Esta jerarquización sólo vino a producirse en la historia de la música "hace un poco más de cien años."[11] Explica Carpentier que el compositor de los siglos XV, XVI y XVII dominaba técnicamente todos los géneros, "escribiendo música que correspondiera a tal o cual pedido, destacándose en lo que fuera más afín"[12] a su talento. Les interesaba y utilizaban para sus composiciones el material a su alrededor, "materia ya muy elaborada por 'ministriles' que, a falta de mucha ciencia, tenían intuición y gracia."[13] Es interesante notar que el mismo J. S. Bach, cuando trabajó con "viejos corales alemanes, esos materiales estaban ya sumamente elaborados y decantados antes de llegar a sus manos." [14] La jerarquización se comienza a percibir en Europa en la segunda mitad del siglo pasado "ante el creciente favor que reciben la opereta y la 'música de salón'" [15] pero es en el siglo XX, desde los años cuarenta, cuando ciertos críticos menosprecian el término "música de salón," a lo que Carpentier señala que ese término era "inconcebible" para los compositores de los siglos XVI y XVII ya que en "el salón era, precisamente, el lugar donde se hacía la mejor música posible, fuera del teatro y de la iglesia."[16] Los críticos parecen haber olvidado que en el propio siglo XX en Europa "Arnold Schoenberg, Alban Berg y Anton Webern no creyeron rebajarse al trabajar con varios valses de Johann Strauss en 1921."[17] Durante estos años, en América Latina crece

---

8 Carpentier 11, 12.
9 Carpentier 12.
10 Carpentier 9.
11 Carpentier 9.
12 Carpentier 9.
13 Carpentier 12.
14 Carpentier 12.
15 Carpentier 10.
16 Carpentier 10.
17 Carpentier 10.

marcadamente la hostilidad hacia la música de las aldeas traída a las ciudades, "hostilidad de ciertos músicos serios, sinfonistas, profesores de conservatorios." [18] Al contrario de "Ravel que estimaba la música de Gershwin," de Honegger que "elogiaba la música de Maurice Yvain"[19] o de Darius Milhaud que admiraba la música del Brasil, la hostilidad latina "venida de lo alto fulminaba cuanto se manifestara en modesta--a veces afortunada--... expresión debida a viejas tradiciones rítmicas y melódicas, de las que 'andaban en boca de las gentes.'"[20] Los músicos europeos y latinos "que harto se tomaban en serio" [21] establecieron una jerarquización de valores tales como: la música culta, la música semiculta [o música clásica y música semiclásica], música popular, música populachera y música folklórica.[22]

El reverso de la medalla es que aunque algunos sinfonistas y compositores de música artística académica utilizan en ocasión temas o motivos indígenas y folklóricos, "la música académica difícilmente le llega al pueblo,"[23] dice Isabel Aretz, etnomusicóloga y compositora argentino-venezolana. Juan Vicente Melo, crítico musical mexicano, explora las barreras del orden jerárquico en su ensayo, "La música como fachada cultural"[24] en el que Isabel Aretz agrega una nota importante al aclarar:

Y digo música académica porque es a ésta a la que se refieren casi todos los [ensayistas] de este libro, sea que hablen de la música europea o de la música latinoamericana. Las otras músicas, la popular y la folklórica, no cuentan para casi nadie: la primera, generalmente por 'inculta' . . . la segunda, por pertenecer al folk, que no es tomado en cuenta por casi ningún historiador, aunque se tomen en cuenta sus productos cuando se habla de nacionalismo y . . . cuando se habla del folklore sin sus portadores. . . . [25]

Es, sin embargo, esta música "semiculta", "popular" o "folklórica" procedente generalmente de las pequeñas ciudades la que va invadiendo o "colándose" en los salones de las grandes ciudades latinas "para gran despecho de quienes se creían muy superiores a lo que sólo veían como bullangueras

---

18 Carpentier 10.
19 Carpentier 10.
20 Carpentier 11.
21 Carpentier 11.
22 Carpentier 11.
23 Isabel Aretz, "La música como tradición," América Latina en su música, ed. Isabel Aretz. (México: Siglo XXI Editores, S.A.; París: UNESCO, 1980) 257.
24 Juan Vicente Melo, "La música como fachada cultural," América Latina en su música, ed. Isabel Aretz (México: Siglo XXI Editores, S.A.; París: UNESCO, 1980) 229.
25 Aretz, "La música como fachada cultural" 229.

trivialidades," dice Carpentier. [26] De suma importancia para este estudio es notar lo siguiente: esta música "no era ocurrencia de ignaros ni de incultos lo que ya se iba colando en los salones. . . . Era ya un arte de formas fijadas, de modelos definidos, de inflexiones codificadas."[27] Las formas a las que se refiere Carpentier eran "las contradanzas, danzas, habaneras, canciones" populares en Latino América y que "a menudo pasaban a Europa."[28] Por ejemplo, las habaneras de Debussy, de Ravel y Bizet pertenecen a un género de composición nacido en La Habana.[29] El género parece haber cautivado hasta a Enrico Caruso quien grabó la habanera "Tú" del cubano Eduardo Sánchez de Fuentes. [30] Esta música de salón semiculta o popular ("o como quieran llamarla ciertos mesteres de clerecía, doctos en artes de armonía, contrapunto y fuga,"[31]) quedó grabada en el alma y en la memoria latinoamericana formando parte de su herencia cultural. Agrega que dicha música fue más útil para afirmar un sentimiento nacional que

> ciertas 'sinfonías' sobre temas indígenas, incontables 'rapsodias' orquestales de gran trasfondo folklórico, 'poemas sinfónicos' . . . que sólo quedan como documentos, títulos de referencia . . . en los archivos de conservatorios . . . [32]

Aclara que no se debe minimizar el esfuerzo de compositores, fundadores de orquesta y conservatorios de fines del siglo pasado y principios del presente que se dedicaron "a elevar el nivel de nuestra cultura musical . . . aún cuando no hayan aportado gran cosa a la música universal"[33] pero igualmente se debe reconocer que existen en nuestro siglo algunos compositores sensibles a una "convergencia de energías ambientes--así viniesen de arriba o viniesen de abajo"[34] que lograron niveles musicales nunca alcanzados anteriormente. Señala específicamente el caso de Héctor Villa-Lobos quien trabajó igualmente en perfecta armonía y entendimiento con autores de "músicas menos ambiciosas destinadas al baile, al teatro sin pretensiones. . . . "[35] Termina su estudio en

---

[26] Carpentier 13.
[27] Carpentier 13.
[28] Carpentier 13.
[29] Carpentier 17.
[30] Francis Robinson, Caruso (New York and London: The Studio Publications, Inc. with Thomas Y. Crowell Co., 1957) 160.
[31] Carpentier 17.
[32] Carpentier 17.
[33] Carpentier 18.
[34] Carpentier 18.
[35] Carpentier 18.

cuanto a la discusión de folklore o no folklore con la conocida respuesta de Villa-Lobos: "¡El folklore soy yo!"[36]

¿Qué se entiende por herencia cultural, por tradición nacional? Maurice Blondel dice que

la tradición es una fuente original que no puede ser agotada, suprimida, reemplazada . . . la tradición encarna una vida que comprende a la vez sentimientos, pensamientos, creencias, aspiraciones y acciones. [37]

La tradición musical de un pueblo queda grabada en el alma debido a que, según observa Blondel, "la tradición, a la vez inicial, anticipadora y final precede a toda síntesis reconstructiva y sobrevive a todo análisis reflexivo." [38] En lo concerniente a nuestra música hispana, cierta música tradicional latinoamericana desarrollada por compositores de talento trascendió las fronteras y entró en la corriente musical del continente americano y europeo. Su música habla a diversas sociedades y sus miembros entienden y estiman lo que expresa. En su ensayo, Isabel Aretz cita a George List que dice lo siguiente sobre la música como fenómeno universal,

. . . la más universal característica de la música es su no universalidad como un medio de comunicación. Cualquier cosa que comunique es comunicada a los miembros de su grupo, solamente, dondequiera que estén. Esto es tan cierto para grupos internos en nuestra propia sociedad como en cualquiera otra. [39]

Como es sabido, Isabel Aretz en su incansable trabajo de etnomusicóloga recoge, archiva y analiza la música de diversos grupos sociales latinoamericanos para su estudio en centros de cultura y de etnomusicología. Apoya y pide la promoción de esta música con el fin de tenerla presente en la memoria y rescatarla del olvido por ser herencia propia de estos distintos grupos. Con ese fin dice:

Es misión de estos institutos o archivos de etnomusicología latino-americanos, no sólo recoger, archivar y estudiar, sino promover la . . . difusión y proyección de la etnomúsica y facilitar la proyección de la música tradicional desde el jardín de infantes

---

[36] Carpentier 19.

[37] Maurice Blondel en el ensayo de Fabio González-Zuleta, "Adiestramiento del artista en el medio social," América Latina en su música, ed. Isabel Aretz (México: Siglo XXI Editores, S.A.; París: UNESCO, 1980) 99.

[38] Blondel 99.

[39] Aretz 267.

hasta la universidad. . . . y hasta tratar de reavivar la memoria de los músicos que conserven algo de la tradición. [40]
Propone no sólo archivar y promover la difusión de la música tradicional sino con palabras claras Aretz afirma:

> Debemos luchar porque los medios de comunicación de masas no borren nuestras culturas musicales; porque los conservatorios no las anulen en favor de una falsa enseñanza de la Música--con mayúscula, es decir, la música europea solamente--.[41]

Aretz sintetiza que se debe estudiar la técnica y la música de ambos continentes, no sólo del europeo. Afirma que al conservar y desarrollar la música contemporánea clásica y la tradicional los músicos nuestros lograrán un arte nuevo, propio. Enfatiza lo siguiente:

> Para ello, en los conservatorios y en las universidades debemos enseñar lo ajeno y lo propio, lo contemporáneo y lo tradicional,... Para que todos los pueblos de Latinoamérica puedan sentir en este arte algo suyo.[42]

En la jerarquización de la música existe, además, el nivel de la música comercial, término designado por los musicólogos. Generalmente, éstos no incluyen dicha música en sus estudios críticos porque juzgan que ha pasado a ser una mercancía. Aquí, sin embargo, es necesario recordar lo dicho por el director de orquesta Erich Leinsdorf: "The (music) profession has for a long time posed as something it isn't: It is a commercial venture." [43] O sea que el fin de cada concierto presentado por una orquesta es ganar dinero. El mismo objetivo financiero, asegurado por contrato, existe en todos los continentes para toda música grabada sea clásica, folklórica o indígena; este objetivo existe para compañías de ballet u ópera, y generalmente, para todo concierto contratado sea de música clásica, folklórica, moderna o popular. Lo cual nos vuelve a nuestra observación inicial: los textos críticos omiten a compositores principales de la primera mitad de este siglo por haber sido relegados al nivel comercial o al nivel de "música de salón." Esta omisión en los textos crea ciertos espacios vacíos en el panorama de la música tradicional nuestra: esos nombres sencillamente no aparecen. Cuando rara vez se incluyen, el texto contiene una o dos páginas de escasos datos biográficos, nunca un estudio de sus obras.

---

[40] Aretz 265.
[41] Aretz 267.
[42] Aretz 268.
[43] Michael Anthony, "Erich Leinsdorf: Music is a commercial venture," Minneapolis Star Tribune 3 October 1986: 5C.

María Grever, a quien México condecoró en 1949 con la Medalla al Mérito Civil y la Medalla del Corazón de México por su carrera artística de más de veintiseis años de música inolvidable, aparece en sólo dos libros de biografías breves de compositores: Compositores mexicanos de Juan Alvarez Coral [44] y Músicos mexicanos de Hugo de Grial [45]. Aparece también brevemente en el libro de Juan S. Garrido, Historia de la música popular en México[46], al mencionarla en las listas de música publicada. Su producción musical, en cambio, afortunadamente existe grabada en discos. Dos películas y telenovelas relatan su vida y varios artículos y entrevistas describen etapas de su vida. Existen más de setenta y dos canciones publicadas y un gran número inéditas o perdidas. Por medio del material que se conoce de ella se puede estudiar la vida y obra de la única mujer compositora latina de los primeros treinta y cinco años de este siglo quien con su letra y música contribuyó al panorama musical nacional e internacional.

[44] Juan Alvarez Coral, Compositores mexicanos (México: Editores Asociados, S. de R.L., 1971) 91-92,

[45] Hugo de Grial, Músicos mexicanos (México: Editorial Diana, S.A., 1978) 123-125.

[46] Juan S. Garrido, Historia de la música popular en México (México: Editorial Extemporáneos, S.A., 1974) 57, 59, 60, 63, 66, 67, 69, 70, 118, 181.

PRIMERA PARTE

I. NIÑEZ, COMIENZO DE CARRERA ARTÍSTICA y JOSÉ MOJICA

Su verdadero nombre fue María Joaquina de la Portilla Torres. Nació el 14 de septiembre de 1885 en la ciudad de León en el estado de Guanajuato, México. El Sr. Carlos Grever, único hijo que le sobrevive a María Grever, conserva en sus archivos el libro del árbol geneológico de la familia De la Portilla Torres. El extenso libro, <u>Los Torres de Jaén en México. Raíces, Tronco y Ramas de una estirpe milenaria</u>, escrito por el Licenciado Gonzalo Torres Martínez, contiene el siguiente trozo referente a los padres de María Joaquina, la quinta generación de la familia: [1]

> Doña Julia Torres Hernández, viuda, casó en segundas nupcias con don Francisco de la Portilla Martínez originario del Puerto de Santa María, España, el primero de enero de 1873. De este matrimonio nacieron Francisco, José, Mercedes y María Joaquina de la Portilla Torres.[2]

Durante varios años en distintos artículos se citaba erróneamente el lugar de nacimiento de María Grever como "en alta mar" o "en el Golfo de México." Una copia de la fe de bautismo expedida en 1977 y una copia del acta de nacimiento expedida en 1981 y publicada en un artículo del periódico <u>El Nacional</u> de Venezuela confirman la fecha y lugar de nacimiento. El Acta de Nacimiento certifica que en el Archivo Oficial del Registro Civil del Estado de Guanajuato se encuentra el Acta 284 manuscrita correspondiente al 27 de septiembre de 1885 y testifica lo siguiente:

> En León a las once y media del día domingo veintisiete de septiembre de 1885 ante mí, Albino Montufar, escribiente primero, compareció el señor Francisco de la Portilla, de 45 años, comerciante, originario de España, vecino de ésta, con habitación en la casa sin número de la calle del Oratorio altos, del establecimiento de las "Tullerías", casado legítimamente con la

---

1 Gonzalo Torres Martínez, <u>Los Torres de Jaén en México. Raíces, Tronco y Ramas de una estirpe milenaria</u> (México: Editorial Jus, 1975).
2 Torres Martínez 260.

11

señora Julia Torres, de 30 años, y presentó una niña viva nacida en la casa del exponente a las cinco y media de la mañana del lunes 14 del actual, a quien puso por nombre Joaquina, hija suya y de su citada esposa. La niña presentada es nieta por línea paterna de los finados Francisco de la Portilla y de María Dolores Martínez y por la materna del finado Onésimo Torres y de la señora María Isabel Hernández, de cincuenta y cinco años, viuda, vive en la Ciudad de Lagos de Moreno, Jalisco.

Fueron testigos de este acto el señor Joaquín de la Portilla y Agustín García, mayores de edad, solteros, comerciantes, el primero originario de España vecino de esta con habitación en la casa del comparecente y el segundo vive en la casa número nueve de la mencionada calle.[3]

El mismo día domingo, 27 de septiembre de 1885 en la Parroquia del Sagrario en León, Guanajuato, el Presbítero Procopio Muñoz bautizó a María Joaquina a los trece días de nacida. El certificado de bautismo se encuentra en el libro número 116, hoja 266 y número 1477 de dicha parroquia y certifica lo siguiente:

Yo, el Presbítero Procopio Muñoz, . . . bauticé solemnemente, puse Oleo y Crisma a una infante nacida en esta Ciudad, de 13 días, hija legítima de Don Francisco de la Portilla y de Doña Julia Torres de la Portilla, a quien puse por nombre María Joaquina, siendo sus padrinos Don Matías Díaz Plata y Doña Julieta Trullaz de la Portilla, a quienes advertí su obligación y parentesco espiritual; . . . [4]

En el artículo del periódico venezolano, El Nacional, Carlos Grever recuerda que sus abuelos eran unos ricos hacendados.[5] Doña Julia Torres de la Portilla, su abuela, [madre de María Joaquina], provenía de la Hacienda de San Juan de los Otates, pueblecito de Lagos de Moreno, en el estado de Jalisco. La hacienda tenía 600 hectáreas. La compositora vivió en su niñez en la Hacienda de San Juan de los Otates. Don Francisco de la Portilla, padre de María Joaquina, tal vez por ser de León, la única ciudad que tenía un médico en esa época, quiso que sus cuatro hijos nacieran en León, Guanajuato.[6]

---

3 Edith Guzmán, "El centenario del nacimiento de María Grever sirve para recordar sus canciones inmortales," El Nacional 2 de septiembre, 1985: C 8.
4 Copia, Acta de Bautismo, archivos de Grever International, México, 1977.
5 Guzmán C 8.
6 Guzmán C 8.

Por parte de la familia paterna, la familia poseía una gran fortuna. Don Francisco de la Portilla "se sacó ocho veces la lotería."[7] La familia viajaba constantemente a Europa donde "tenían una casa grande en Madrid," dice el hijo de María Grever, Carlos Grever. La familia conserva bellos retratos de fin de siglo del grupo familiar en el jardín de su mansión en Madrid y en su hacienda de Sevilla.

Durante la entrevista en su casa de San Antonio, Texas, el Sr. Joseph Cullinan, hijo de Mercedes de la Portilla Cullinan [hermana de María Grever], nos muestra amablemente algunas fotografías de aquella época de la familia en Madrid. Entre ellas está la pintura al óleo de la Hacienda de Torrijos en Sevilla que pintó su tío, José de la Portilla, hermano de María Grever. La dedicatoria reza: 'Recuerdo a mi querida hermana, Mercedes.' "Fue un magnífico pintor que desgraciadamente murió en Lagos, México aproximadamente a la edad de 20 años," dice el Sr. Cullinan. [8]

Recuerda Joseph Cullinan lo siguiente acerca de la casa en España: En 1888, la familia se fue a vivir a España. Se radicaron en Sevilla en la Calle Jesús. Su casa había sido un convento. Ellos la renovaron y vivieron allí varios años. También tenían una hacienda cerca de Sevilla de nombre Hacienda de Torrijos. Cada año visitaban Madrid, París y Londres.[9]

Ambos primos, Joseph Cullinan y Carlos Grever, que hablan inglés y español perfectamente, recuerdan una anécdota acerca de la pequeña María Joaquina que quedó en la familia:
Un día en Madrid, la nodriza llevó a las pequeñas María Joaquina y a su hermanita, Mercedes, a jugar al parque. Las niñas tendrían tres o cuatro años de edad. La nodriza vio a un niño pequeño de la edad de las niñas que venía con su nodriza hacia ellas. La nodriza de las pequeñas les dijo a las dos niñas:
--¡Ese es el Rey Alfonso XIII! Hagámosle reverencia.
María Joaquina vio al niño e incrédula dijo:
-¿Ese es el rey? ¡Pero si es un monicaco más chico que yo![10]

Carlos Grever nos recibe cordialmente para una entrevista en su residencia de San Antonio, Texas. En la sala, nos muestra el piano negro de cola de su

---

7 Guzmán C 8.
8 Joseph Cullinan, entrevista personal, San Antonio, Texas, 11 de agosto, 1986.
9 Cullinan, entrevista 8-11-86.
10 Joseph Cullinan y Carlos Grever, entrevista personal, San Antonio, Texas 8-11-86.

madre, María Grever, y habla de lo que él recuerda haber oído de la niñez de ella en México y en Europa:

> Tenían tutores particulares. Hablaban inglés, español, francés e italiano. Todos estudiaban piano. Cada año visitaban Madrid y Londres. Desde España se iban a pasar una temporada a París para comprar vestidos y ropa para los niños. Fue en esos viajes cuando ella [María Joaquina] estudió con Claude Debussy. No sé cuánto tiempo. Regresaron a España cuando murió mi abuelo. No sé a qué edad murió. Mi abuela [Julia Torres de la Portilla] vendió las propiedades en España. El hermano de mi abuelo se encargó de la familia y en 1900 regresaron a la Ciudad de México. María Joaquina tenía 15 años de edad. Ya antes habían vendido su Hacienda de Otates de 600 hectáreas en Lagos de Morelos. [11]

Relata Carlos Grever que ya radicados en la capital de México después de la muerte del padre, Francisco de la Portilla en España, "Mi tía Mercedes conoció al Sr. Cullinan y a través del Sr. Cullinan, María Joaquina conoció a León Grever. Se casó mi tía Mercedes y al rato se casó mi papá con mi mamá." [12]

El libro, <u>Los Torres de Jaén en México</u>, indica los siguientes datos sobre Mercedes, hermana de María Joaquina: "Doña Mercedes de la Portilla y Torres y don Ralph Cullinan, originario de los Estados Unidos, casaron en México, D. F. en 1906." [13] Su hijo, Joseph Cullinan, vivió en el Lago de Chapala durante quince años y hoy reside en San Antonio, Texas con su esposa.

El Lic. Torres Martínez precisa lo siguiente en su libro, <u>Los Torres de Jaén en México</u>, sobre la boda de María Joaquina, de 22 años de edad, y León Grever, de 38 años de edad:

> Doña María Joaquina de la Portilla y Torres y don León Augusto Grever casaron en el templo de Santa Brígida (que estaba erigido en la primera calle de San Juan de Letrán, México, D. F.) el 24 de septiembre de 1907, siendo padrinos los hermanos de ella, don Francisco y doña Mercedes de la Portilla y Torres y don Manuel Algara Cervantes y doña Carlota Landero de Algara Cervantes. Don León Augusto Grever nació en Cincinnati, Ohio, E. U. y fue hijo de don Frank A. Grever y de doña Mary Tangeman de

---

[11] Grever, entrevista 8-11-86.
[12] Grever, entrevista 8-11-86.
[13] Torres Martínez, <u>Los Torres de Jaén . . .</u>, 261.

Grever. Nació el año de 1869 y vino a México como contador de una compañía petrolera norteamericana. [14]

Continúa Carlos Grever:

> Después de casados, se fueron a vivir a Jalapa, Veracruz. Allí nacimos Carmen, mi hermana, yo y León, mi hermano, que murió a los seis meses. Mi hermanita, Laura, nació en la Ciudad de México y murió a los cuatro años. Allí vivimos en Coyoacán hasta 1916 cuando avisaron a todos los norteamericanos que salieran de México a causa de la Revolución. Entonces se puso pesado. [15]

Carlos Grever relata el viaje de huida de la familia rumbo a Veracruz por Puebla y los peligros que les acontecieron durante esta etapa de la revolución mexicana. Emprendieron el viaje María Joaquina y sus dos hijos, Carmen y Carlos. María Grever tenía 31 años de edad. Narra Carlos Grever: "Mi padre se quedó un tiempo en México cuando nos fuimos a Estados Unidos por cuestión de trabajo. La inestabilidad política nos hizo salir."[16] Carlos Grever recuerda lo siguiente de la salida de México:

> En 1916 nos fuimos de la Ciudad de México para emprender el viaje fuera del país. Primero, paramos en Puebla para despedirnos de mi tío, hermano de mi mamá. Estando allí, nos alojamos enfrente de un parque. Allí en el parque estalló una batalla de la revolución. Tuvimos que refugiarnos en los rincones de los cuartos de la casa que no estuvieran frente a las ventanas porque por ahí entraban las balas y teníamos miedo que nos pegaran las balas. Pasamos la noche en los rincones de la habitación mientras la batalla continuaba afuera. En la mañana, cuando se calmó afuera empezamos a ver todos los muertos en el parque. Luego empezaron a llevarse a los muertos al cementerio. Eso fue una experiencia inolvidable.

> Inmediatamente conseguimos pasaje por tren a Veracruz. Sin embargo, rumbo a Veracruz nos asaltaron los Carranzistas o Zapatistas, yo no sé quiénes eran, pero ametrallaron el tren y mataron a uno de los maquinistas e hirieron a mucha gente. A nosotros no nos mataron, pero el sombrero de mi mamá quedó agujereado por una bala. Yo no sé si ella traía el sombrero

---

14 Torres Martínez 261.
15 Grever, entrevista 8-11-86.
16 Guzmán, El Nacional, 8.

puesto o no. Llegamos a Veracruz y nos embarcamos hacia Nueva York. Llegamos ahí diez días más tarde, gracias a Dios. Y mi mamá se dedicó a la música. Yo tenía seis años. Ella daba conciertos en Town Hall. Tocaba música clásica y semi-clásica. Probablemente la aprendió en Europa.[17]

Carrera artística.

El comienzo de la carrera artística de María Grever parece haber tenido principio en España a la edad de cuatro años según una entrevista en Cincinnati, Ohio con la propia compositora. Se trata de un Villancico de Navidad que la pequeña María Joaquina de cuatro años de edad le compuso al Niño Jesús. Quedó anotado este evento en una placa en el Convento de las Concepcionistas en Sevilla, según el artículo.[18] La niña María Joaquina había asistido a un retiro espiritual de Navidad junto con otros niños en el convento de las Hermanas de María Reparadora en Sevilla. María Joaquina, según el artículo, se inspiró tanto con la plática del Nacimiento del Niño Jesús que empezó a pulsar una guitarra y a tararear la melodía y la letra del Villancico, su primera composición: "Madame Grever tells you that she strummed her guitar and hummed to herself the melody and the lyrics of her first composition that night. It is a deeply inspirational carol." [19] No encontré este Villancico en mi investigación.

De este período de su niñez, de su juventud en España y de los años hasta 1920 no se encuentran composiciones de María Joaquina de la Portilla Grever. Si las hubo, nunca se publicaron y se han perdido.

De los años 1918 y 1919 datan los discos que posiblemente sean los primeros que grabó María Grever. Son dos discos Emerson grabados en Nueva York con la orquesta de Fernando L. Cabello. [20] Este hecho es importante por dos motivos. Indica que María Grever estaba al tanto de los más recientes adelantos técnicos y composiciones en el mundo artístico al mismo tiempo que muestra su entusiasmo por participar en actividades musicales, rasgos característicos de ella durante el resto de su vida, como se observará después. En el primer disco, María Grever canta la famosa "Estrellita" de Manuel M.

---

17 Grever, entrevista 8-11-86.
18 "Song Hit Writer Once Gave Clothes to Christ Child," Catholic Telegraph Register, Easter 1938: 2.
19 Catholic Telegraph Register 2.
20 Theodore Beardsley, Jr., Director, The Hispanic Society of America, New York, carta a la autora, 4 de enero, 1989.

Ponce, lo cual indica que María Grever era soprano. Ponce compuso esta canción mexicana en 1914. Canta la danza, "Ya soy feliz," con letra y música de Miguel Lerdo de Tejada publicada en 1900. [21] En el segundo disco Emerson, María Grever canta la conocida serenata mexicana, "Ojos tapatíos" de Fernando Méndez Velázquez publicada en 1913[22] y canta "Los besos que te di," danza, con música de María Fajardo y letra de Alberto Crespo publicada en 1905.[23]

Pasaron doce años--hasta 1930--antes de que grabara otros discos, los cuales anotaré más adelante en orden cronológico. Durante este período (aproximadamente de 1916 a 1919), Carlos Grever dice que su madre "daba conciertos de música clásica en Town Hall en Nueva York." [24] Varios artículos de periódico aluden a este hecho y también comentan que ella cantaba en programas en el Teatro Esperanza Iris de México así como en teatros de los Estados Unidos. Sin embargo, no hay programas o reseñas para comprobar los datos y las fechas durante estos años. Sí existía un álbum personal de la familia Grever con esta valiosa información. Carlos Grever afirma que "estos programas estaban en un álbum que yo le presté a los productores de películas, la Compañía Mier y Brooks, y desapareció en sus manos." [25]

La siguiente pregunta de la periodista venezolana, Edith Guzmán, y la respuesta de Carlos Grever son de importancia porque fijan la fecha de la primera composición de la segunda etapa artística de María Grever:

--¿Cuándo comenzó a componer María Grever y cuál fue la primera composición?

--En 1920 empezó a componer. El primer tema fue "Un beso", que por cierto no se grabó. Ella hacía la música y la letra de sus canciones. [26]

Este manuscrito desgraciadamente se ha perdido. Sin embargo, el año 1920 parece ser la fecha que indica el principio de la segunda etapa de la carrera artística de María Grever.

José Mojica.

Antes de observar esta segunda etapa, es conveniente primero tomar una vista imparcial de María Grever y de la situación artística en Nueva York

---

21 Garrido 23.
22 Garrido 38.
23 Garrido 28.
24 Grever, entrevista 8-11-86.
25 Grever, entrevista 8-11-86.
26 Guzmán, El Nacional, C 8.

durante esos primeros años por medio de una persona que no conocía a María Grever ni conocía Nueva York. Esta persona es José Mojica quien más tarde triunfaría como primer tenor de las compañías de ópera de Chicago, de Ravinia y de México. Esta perspectiva de José Mojica nos da una idea del ambiente del Nueva York de 1916 en el que tenían que trabajar los artistas. Enrico Caruso todavía estaba en su apogeo. En este año aproximadamente empieza la época de los tenores de primerísima fila Tito Schipa y John McCormack así como la época de las sopranos Nellie Melba, Geraldine Farrar, del bajo ruso Chaliapin, de Giacomo Puccini, Arturo Toscanini y F. Paolo Tosti. En su autobiografía, Yo, pecador, José Mojica narra detalladamente las dificultades por las que pasaron desde su llegada en 1916 él y otros cantantes de ópera mexicanos por ser desconocidos en Nueva York. En ese difícil año, José Mojica no podía saber que tres años más tarde, en 1919, él cantaría con Caruso en la temporada de ópera en México. En 1916, lo único que sabía José Mojica, igual que los otros cantantes de ópera mexicanos y europeos, era que tenían que ir a Nueva York impulsados por el deseo de conseguir un contrato para cantar ópera o presentarse en recitales y abrirse paso en el mundo artístico. Mojica se enteró por primera vez de la situación precaria en Nueva York al bajar del tren en la estación. Su amigo, el tenor mexicano Angel Esquivel, lo esperaba en la estación: "Las primeras palabras de Angel Esquivel al verme en Nueva York no fueron optimistas: --¿Para qué te viniste de México? ¡Aquí la cosa está muy mal!"[27] En 1916 José Mojica tenía 21 años de edad y mucho optimismo pero se dio cuenta ese día en el hotel donde se alojó de lo difícil de la situación en la que se encontraban él y el grupo de músicos mexicanos por falta de contratos:

> Allí estaban Carmen García Cornejo y su mamá, Mario Talavera y Miguel Lerdo de Tejada con su mujer. Los demás miembros de la Típica habían regresado a México, pues no habían tenido más que un contrato para hacer canciones populares en discos Víctor. Carmen, Angel y Mario los grababan acompañados al piano por Lerdo de Tejada.[28]

Entre todos le aconsejan a Mojica formar un cuarteto para poder encontrar trabajo. Mencionan por primera vez a "una mexicana que acababan de conocer, muy activa"[29] que se había ofrecido ayudarles. Recuerda Mojica la escena del siguiente día:

---

[27] José Mojica, Yo pecador (México: Editorial Jus, S.A., 1974) 177.
[28] Mojica 178.
[29] Mojica .

18

A la mañana siguiente conocí a 'la mexicana muy activa' . . . Era Joaquina de la Portilla de Grever. Ella decía que hablaba bien el inglés y se daba a conocer con el nombre de María Grever. Su consejo era que Carmen y Angel no volvieran a México. ¡Ya estaba el cuarteto! Carmen, soprano; María Grever, mezzosoprano; Mojica, tenor; Angel Esquivel, barítono y don Julio al piano. María conseguiría el contrato. Sabía cómo meterse en las oficinas de los mánagers.

> Por la tarde nos reunimos. Ensayamos el cuarteto de <u>Rigoletto</u> y el de <u>La Bohemia</u> y canciones sueltas. [30]

De regreso al hotel, Mojica y Esquivel confiesan no agradarles tener que cantar en algún cabaret a lo que la soprano Carmen García responde con sensatez: "Si tienes dinero para esperar meses y hasta años, . . . pero si no lo tienes, hay que cantar donde se pueda, pues de lo contrario aquí se muere uno de hambre." [31] Al día siguiente en el ensayo, María Grever regresa con nuevos planes para encontrar trabajo más pronto:

> María vino a decirnos que para encontrar trabajo más pronto, teníamos que poner cosas populares en inglés. Traía ya los papeles: "Kiss Me Again," "Poor Butterfly" y "Pretty Baby." Pasamos dos horas tratando de armonizar y, sobre todo, de pronunciar bien el inglés. [32]

El siguiente pasaje pinta el fracaso del cuarteto cuando aparecieron ante el manager. Mojica describe la apariencia física del cuarteto y el rechazo del manager:

> Fuimos por fin los cinco artistas a que nos oyera un manager. Luego noté que no le fuimos agradables. Su oficina contrataba grupos para vodevil y en los Estados Unidos se empieza siempre por la presenta-ción estética . . . de cuerpos o por la forma de vestir. Pero nosotros ni una ni otra cosa teníamos. María Grever era gorda y Carmen era alta y flaca. Angel tenía la mala costumbre de quitarse el cuello para cantar y fue lo primero que hizo. Yo era un joven moreno, alto con una cabeza de etíope por tanto pelo rizado. Don Julio era viejo y cojeaba notablemente pero como era el pianista, pensábamos que podría tocar detrás de un biombo.

---

[30] Mojica .
[31] Mojica l79.
[32] Mojica .

Empezó nuestra interpretación de "Kiss Me Again." A María le faltaban unos dientes y a Carmen las muelas laterales . . . No llegamos ni a la mitad del número. El manager . . . paró el canto con un 'That's enough.'
María ofreció interpretar otro número. La respuesta fue: 'No.' ¿Quizá se interesaría el señor por oír unos solos? 'No! No chance!' [33]

A los pocos días, "María nos vino con la noticia de que en el Teatro Garden se iba a iniciar una temporada de zarzuela española y que allí sí tendríamos buen trabajo." [34] Fueron al ensayo. Angel Esquivel quedó contratado y los demás quedaron "esperando una oportunidad pero la temporada acabó a la tercera función."[35] Mojica reflexionó que "lo mejor sería cantar solo, con don Julio al piano." María Grever de nuevo "se ofreció a ser nuestra representante e intérprete. Estudiábamos canciones mexicanas con la idea de que me presentara yo con traje típico y popularizara el folklore mexicano."[36] Solamente que al presentarse descubren otra faceta del mundo musical en Nueva York que ellos ignoraban. Recuerda Mojica:

Aquella empresa era más ardua de lo que nos imaginábamos. La aversión a México era terrible. Los mexicanos que buscaban trabajo tenían que decirse españoles. Cuando fuimos presentados a Bagarozzi y a otros manejadores de artistas, se taparon las narices e hicieron gestos como de quien ahuyenta moscas. Estábamos en derrota y el mes tocaba a su fin. [37]

Mojica se refiere a la falta de dinero para pagar su apartamento. Como es sabido, José Mojica tuvo que trabajar de lavaplatos en el Hotel Belvedere durante ocho meses para poder pagar el alquiler de un pobre cuarto en Nueva York. Su suerte cambió cuando fue contratado por una compañía italiana de ópera. Comenzó así el ascenso luminoso de su carrera artística que lo llevó hasta la Chicago Opera como primer tenor. Tuvo contratos para giras de conciertos. Hizo primeras grabaciones con la Casa Víctor en discos Sello Rojo que se vendían por toda la América Latina y el Brasil. Tuvo ofertas de la Metropolitan Opera House y contratos para películas en Hollywood. Fue en los estudios Fox de Hollywood y en los estudios Víctor de Camden, New Jersey donde el 21 de septiembre de 1927 grabó José Mojica la canción que ganó fama

---

[33] Mojica 181.
[34] Mojica 182.
[35] Mojica .
[36] Mojica .
[37] Mojica .

internacional para él y para su compositora: "Júrame" de María Grever, publicada en 1926 por la casa G. Schirmer de Nueva York. Mojica recuerda sus pruebas cinematográficas en los estudios Fox de Hollywood y comenta sobre esta famosa canción. Su pianista para giras de conciertos y grabaciones era Troy Sanders:

> Las hicimos acompañándome Troy al piano. En algunos, canté trozos de ópera. En otros, canciones españolas y en el último, que fueron en los estudios Fox, canté una canción que acababa de grabar en discos Víctor, la cual, desde que salió a la venta y presenté en mis conciertos, tuvo un éxito rotundo. Se llamaba "Júrame" y la había escrito María Grever: la misma María Grever de mis días de primeras aventuras en Nueva York y que se había vuelto compositora y había logrado que la casa Schirmer le publicara esa canción, que Troy y yo habíamos seleccionado de un escaparate en el almacén de música durante mi temporada última en Nueva York. . . En esa canción discurrí hablar, recitando frases de la segunda parte, introduciendo así algo nuevo en las canciones. [38]

José Mojica no volvió a ver a María Grever desde su contacto inicial en Nueva York en 1916 hasta aproximadamente doce años más tarde en 1928 cuando ya era mundialmente famoso como primer tenor de la Chicago Opera. Este encuentro ocurrió por coincidencia en 1928 en Chicago en el comedor del hotel en que estaba alojado Mojica. El recuerda lo siguiente:

> Estando en Chicago, una noche veo en el restaurant del hotel en que me alojo, a una mujer de tipo español, o mexicano, vestida de blanco. El color la hace más gruesa. Cena sola. Al terminar pasa junto a mí y me mira fijamente.
> --Perdone usted, señor--me dice--. ¿No es usted el tenor Mojica?
> --Sí, señora--respondo. En seguida reconozco a María Grever. Me impide levantarme de mi asiento y se acomoda frente a mí.
> --Pues lo ando buscando. Soy una compositora que he servido de enfermera en un hospital por muchos años, y en el hospital conocía un joven doctor que me inspiró un amor tremendo. Nos amamos; pero no pude casarme con él porque era casado. Desde entonces, con el corazón hecho pedazos, vuelco en mis composiciones el desengaño y los recuerdos de esa pasión que no puedo olvidar. Mi inspiración entera la debo a ese amor

---

[38] Mojica 270.

frustrado. Tengo canciones de nostalgia, de desesperación, de celos, de ilusión y hasta algunas de despecho como ésta--¡mire!-- que se llama "Ni de día ni de noche." ¿No habrá por aquí un piano donde se las pueda yo cantar?

--Claro que sí, María. Vamos a mi departamento. Ahí tengo uno magnífico. ¡Qué gusto tengo de volverla a ver! Sobre todo, de saber que es usted tan inspirada compositora. Ya ve cómo su canción "Júrame" se ha vendido más que ninguna de mis últimas grabaciones. ¿Recuerda cuando era usted mi mánager en Nueva York?

. . . .

Ya en el ascensor, observo a María. Lleva una carpeta de música. Busca en ella alguna pieza. La encuentra y, dándomela, me dice:

--Esta la he hecho para que usted la estrene. Ortiz Tirado, que acaba de hacer una gira conmigo, me la pedía y no se la quise dar. He sufrido mucho con él . . . pero ahora, con Mojica, ¡ya es distinto!

Entramos en mi departamento y María se sienta al piano, y empieza a cantarme una tras otra las más hermosas canciones. Es tan variado y bello el repertorio que no sé cuál escoger. Las alabo y le pido una, y otra y otra más.

--Todas se las voy a enseñar--me dice--y ya verá qué exitazo en nuestra gira.

--¿Nuestra gira? Yo debo volver a Hollywood para terminar mi primera película, y ya no voy a hacer más giras, María.

--Pues yo también voy para allá.

--Muy bien. Allá nos veremos en los estudios de la Fox, y le aseguro que muchas de estas maravillosas canciones irán en mis películas.

--¡Ya sabía yo que íbamos a trabajar juntos!--exclama. [39]

La carrera operática de José Mojica fue de quince años. Además, cantó en más de 300 giras de conciertos por los Estados Unidos, Europa, el Caribe y América del Sur, según su autobiografía, Yo pecador. Mojica dice que además de arias incluía canciones españolas en sus conciertos. Es posible que haya incluido algunas canciones de María Grever pero lamentablemente se han

---

[39] Mojica 278-279.

perdido esos programas. Filmó doce películas en Hollywood, México y una en Argentina. Los archivos de esos estudios cinematográficos se han extraviado; sólo existen los datos de los estudios Víctor en Nueva York. Por ejemplo, el 21 de septiembre de 1927, José Mojica grabó para discos Víctor Sello Rojo en los estudios de Camden, New Jersey además del tango español, "Júrame," de María Grever, las canciones "País azul," "Pasas por el abismo," y "Gitana. Serenata española," todas composiciones de Jorge del Moral. En otra sesión del 22 de septiembre de 1927 para discos Víctor, Mojica grabó otra vez "Júrame," "Gratia plena" de Mario Talavera con letra del poeta Amado Nervo y "Amores y amoríos" de Jorge del Moral con letra de Alvarez Quintero. Todas estas grabaciones Víctor se hicieron con orquesta de tres primeros violines, una viola, cello, arpa, flauta, corneta y tuba. El pianista fue L. Shilkret y el Director, E. Vigil Robles.

Durante otra sesión para discos Víctor con fecha del 8 de abril de 1932, Mojica grabó "Cuando me vaya" de María Grever publicada en 1932. El 18 de abril de 1932 junto con dos canciones del cubano Ernesto Lecuona "Adios mi amor" de 1929, "Rosa la china" de 1931 y "A tus pies" de Agustín Lara, Mojica también grabó "Ni de día ni de noche" de María Grever publicada en 1929. En marzo de 1933, Mojica filmó The Forbidden Melody en los estudios Fox de Hollywood. Una de las canciones para esa película fue "Como tú y yo" de María Grever. La grabó Mojica para Víctor con orquesta en el Hollywood Recording Studio el 18 de marzo de 1933. [40]

Como es sabido, en 1942 a la edad de 46 años, José Mojica ingresó al noviciado de la orden franciscana en el Monasterio San Francisco de Jesús en Lima, Perú. [41] Tomó el nombre de Fray José Francisco de Guadalupe, O.F.M. Cursó teología y filosofía en Cuzco. El 13 de julio de 1947 se ordenó sacerdote en Lima. [42] Trabajó infatigablemente para la orden franciscana y murió en 1974.

Competencia y fama de compositores.

Durante los primeros años que vivió María Grever en Nueva York, se nota que existe además de los problemas anteriormente citados para los músicos latinoamericanos en Nueva York--el ser desconocidos y la falta de contratos--

---

[40] José Mojica, Victor Archives, 1927-1933, RCA Victor, New York. Bernadette Moore, Archivist. Carta a la autora 5 de julio, 1989.

[41] Mojica, Yo pecador, 378.

[42] Mojica 392.

existe además el factor dominante en el medio musical: la competencia y fama de compositores de renombre en los Estados Unidos y en la América Latina.

Antes de enfocar el estudio en el trabajo de María Grever, es importante tomar una vista imparcial de los compositores de fama internacional norteamericanos y mexicanos que dominaban la producción musical de los años en que comenzó María Grever su trabajo artístico.

En los Estados Unidos, donde la competencia por publicar, por obtener contratos y montar las producciones musicales en teatros era feroz, ésta es la época importante de los compositores Jerome Kern, George Gershwin y su hermano Ira, de Irving Berlin y Cole Porter para nombrar sólo a los más sobresalientes.

En México, comienza la época de apogeo de los compositores Ignacio Fernández Esperón (Tata Nacho), Manuel M. Ponce, Miguel Lerdo de Tejada, Mario Talavera, Alfonso Esparza Oteo, Guty Cárdenas, Ricardo Palmerín, Jorge del Moral y Lorenzo Barçelata para nombrar sólo a unos de los más conocidos. En Cuba sobresalen Ernesto y Margarita Lecuona; en Argentina, Carlos Gardel. La vasta producción musical de éstos y de los demás compositores y poetas de renombre de esta época se encuentra reunida en la anteriormente citada Historia de la música popular en México de Juan S. Garrido.

Estímulo intelectual masculino: veladas artísticas.

El libro de Juan S. Garrido nos da además una importante vista panorámica que proporciona valiosos datos sobre el medio ambiente musical de esos años. Garrido no sólo trabajó y colaboró con un gran número de estos compositores, cantantes y poetas durante largos años en diferentes programas y giras sino que también era amigo de muchos de ellos. Se expresa con simpatía recordando la amistad y colaboración que existía entre los compositores, los poetas y directores de teatro y orquesta. Recuerda las alegres veladas semanales y el intercambio de ideas y opiniones artísticas en sus centros de reunión. Este hecho es sumamente importante pues además de estímulo intelectual, artístico y sicológico, esta feliz red de colaboración facilitaba--y facilita--la publicación y abre las puertas a la presentación de obras artísticas. Es necesario notar, sin embargo, que los compositores, los poetas, pintores y directores que acudían a estas tertulias, en la Ciudad de México en este caso, eran varones. A continuación obsérvese, la primera de dos descripciones de tertulias que menciona Garrido:

Por entonces, el célebre artista mexicano, Ignacio Rosas, se convirtió en el mecenas de los compositores y poetas, reuniendo una vez a la semana en su taller a lo más granado del ambiente artístico de esta ciudad de México, en veladas inolvidables que terminaban en la tarde o al anochecer del día siguiente. Su taller era el centro de la bohemia de esos años de hambre (1915-1916) y en él se escuchaban antiguas y nuevas canciones mexicanas. . . . Entre los más frecuentes contertulios de esa hermandad figuraban Ignacio Fernández Esperón (Tata Nacho), Manuel M. Ponce, Miguel Lerdo de Tejada, Mario Talavera, Amado Nervo, Juan José Tablada . . . el taller del pintor Rosas estaba situado en la avenida 5 de mayo, entre Bolívar e Isabel la Católica. [43]

En la segunda mención de las reuniones bohemias, Garrido describe la vida bohemia de 1937 en la capital mexicana. Con la excepción de que ahora se reunen todas las noches, la segunda descripción parece ser continuación tradicional de la anterior y los contertulios siguen siendo varones. Como es sabido, estas reuniones de artistas e intelectuales eran usuales en todo el continente latinoamericano. Recuerda Garrido:

La vida bohemia era entonces sana, alegre y fraternal. Una gran parte de los compositores se reunía en jovial camaradería todas las noches desde las diez o las once hasta el amanecer del día siguiente. Formábamos un conjunto, dizque bohemio, en el que figuraban compositores, letristas, pintores, periodistas . . . y nos reuníamos en dos o tres grupos en restaurantes como El Principal . . . Entre los que noche a noche nos reuníamos en los restaurantes mencionados, recuerdo a . . . Lorenzo Barcelata, Ernesto Cortázar, el pintor Juan José Segura, el maestro del Conservatorio Nacional y poeta Daniel Castañeda, . . . Ramón Armengol, Manuel Esperón, Chucho Monge, . . . Emilio Tuero . . . Estas reuniones servían para estrechar nuestra amistad, contarnos las satisfacciones, los éxitos conquistados, criticarnos fraternalmente y donde había piano dábamos a conocer nuestras nuevas producciones, por turno.

---

[43] Garrido 43.

Me estoy refiriendo a esta bohemia sana y sin par, porque de ella salieron valores que dieron lauros al arte musical y lírico de México. [44]

Mundo artístico masculino: compositores y poetas.

El libro de Garrido no sólo reune datos históricos y biográficos de los compositores sino que incluye el nombre del poeta o letrista de cada canción. Esta valiosa información es necesaria para comparar la producción artística de María Grever con la de los compositores de su época anteriormente citados. Es necesaria esta información para observar claramente a continuación que en este escenario de valores artísticos masculinos norteamericanos y mexicanos surge--sola--la figura artística femenina de la mexicana María Grever, compositora de su propia letra y música. Surge sola y única debido a dos motivos: a) al principio de su carrera artística no estaba incluida en los grupos de compositores mexicanos ni norteamericanos y forjó su carrera a base de su propio talento y trabajo; y b) es única porque, como se observará, fue la primera mujer compositora latinoamericana que ganó fama internacional durante los primeros treinta años de este siglo con su propia letra y música.

Son incontables las canciones escritas por compositores utilizando la letra de un poeta. No es el propósito aquí presentar listas exhaustivas de estos casos ni de menospreciar en absoluto la colaboración entre compositor y poeta pues aún el célebre Franz Schubert se inspiró en la poesía de otros para componer sus famosos lieder. El propósito es observar el fenómeno interesante del escaso número de compositores que escriben su propia letra y música versus el número de compositores que componen la música sobre versos de un poeta. Por ejemplo, sencillamente tomando los nombres de los compositores más conocidos durante las décadas de los años veinte y treinta, compositores que comenzaron su apogeo al mismo tiempo que María Grever, se pueden observar las siguientes bellas y conocidísimas composiciones y los nombres de los poetas. Se da la fecha de publicación cuando se tiene esta información:

---

[44] Garrido 80.

México

Guty Cárdenas. (Su verdadero nombre era Augusto Cárdenas Pinelo.)
En 1926 escribió "Rayito de sol"[45] con letra del poeta Ermilo Padrón.
En1927 compuso su bella canción "Nunca"[46] con letra de Ricardo López
Méndez. En 1929 publicó "Quisiera"[47] con letra del poeta Ricardo López
Méndez.

Mario Talavera.
Usó para su inspiración los poemas de Amado Nervo para sus canciones:
"Bendita seas," "Muchachita mía," "Si pudiera ser hoy," "Gratia Plena" y "Flor
de Mayo." [48] En 1924 Mario Talavera publicó "Chinita" con letra de Manuel
Múzquiz Blanco. [49] En 1928 publicó tres canciones: "Odiame" con letra de
Agustín Haro, "Te quiero todavía" con versos de Gabriel Luna de la Fuente y
"Viejos conventos," una romanza, sobre poesía de Juan Manuel Ruiz Esparza.
[50] Escribió su famoso "Arrullo" con letra de Rubén C. Navarro.

Ricardo Palmerín.
En 1923 compuso "Peregrina" con letra del poeta Luis Rosado Vega.
También compuso su famosa canción, "Las golondrinas," con versos de Luis
Rosado Vega que han dado en llamarse "Las golondrinas yucatecas." [51]

Pelagio Cruz Manjarrez.
En 1927 compuso la bellísima canción, "Porque me has besado tú," sobre
versos del gran poeta Jaime Torres Bodet. Belisario de Jesús García puso
música al mismo poema de Torres Bodet con el conocido título "La mañana
está de fiesta."[52]

Felipe Llera.
En 1924 compuso "La casita" con versos del poeta Manuel José Othón.[53]

---

45 Garrido 58.
46 Garrido 60.
47 Garrido 66.
48 Garrido 47.
49 Garrido 55.
50 Garrido 62.
51 Garrido 54.
52 Garrido 60.
53 Garrido 55.

<u>Arturo Tolentino</u>.

Compuso "Ojos de juventud" en 1923 con letra de Antonio Guzmán Aguilera.[54]

<u>Argentina</u>.
<u>Carlos Gardel</u>.

El cantante y compositor argentino, famoso intérprete del tango, publicó en 1935 la conocida "El día que me quieras" con letra de Alfredo LePera.

<u>México</u>.
<u>Alfonso Esparza Oteo</u>.

En 1923 compuso "Mi viejo amor," famosa canción para canto y piano dedicada "A mi maestro, Manuel M. Ponce" con letra del poeta Adolfo Fernández Bustamante. En 1930 compuso el vals, "Intimo secreto," con letra de Ricardo López Méndez. De 1930 son "Canción de amor" con letra de Guz Aguila y "Tu boca me engañó" con letra del poeta Ricardo López Méndez.[55] A través de su larga carrera, Esparza Oteo compuso muchas canciones con su propia letra y música y muchas otras con versos de diferentes poetas.[56] A diferencia de otros compositores, Jorge del Moral y Agustín Lara escribieron su propia letra y música para sus composiciones:

<u>Jorge del Moral</u>.

Educado musicalmente para pianista concertista, publicó en 1929 sus finas romanzas, "No niegues que me quisiste," "Nunca digas," las canciones, "Mañanitas de amores," "¿Por qué?" y los valses, "Caricias" y "Pierrot."[57] En 1930 compuso la bella "Divina mujer."[58]

<u>Agustín Lara</u>.

El famoso músico-poeta Agustín Lara fue el compositor popular mexicano más fecundo del siglo XX.[59] Sus obras tuvieron éxito internacional. De su enorme producción cito sólo algunas de las primeras famosas composiciones y fechas de publicación: "Imposible" (1928), "Monísima" (1930), "Clavel

---

[54] Garrido 54.
[55] Garrido 68.
[56] Ver Garrido para información adicional sobre la obra de Esparza Oteo.
[57] Garrido 66.
[58] Garrido 67.
[59] Garrido 177.

sevillano" (1931), "Mujer" (1931), "Granada" (1932), "Valencia" (1935), "Janitzio" (1935), "Marimba" (1935), "Veracruz" (1936), "Murcia" (1941), "Españolerías" (1941), "Cuerdas de mi guitarra" (1941), "Solamente una vez" (1941), "Cuando vuelvas" (1944), "Toledo" (1945). [60]

Estados Unidos.

Es necesario dar un vistazo a la escena musical en los Estados Unidos durante los primeros treinta y nueve años de este siglo para comprender la frase de Carlos Grever, "Estaba compitiendo con Cole Porter, Irving Berlin ....", dicha durante nuestra entrevista al recordar el principio de la carrera artística de María Grever en Nueva York.

En los Estados Unidos, los compositores que dominaban el teatro musical de los primeros treinta años del siglo XX eran George Gershwin, Jerome Kern, Irving Berlin y Cole Porter.

George Gershwin.

George Gershwin escribía la música de sus composiciones y su hermano, Ira, la letra. Colaboraban en innumerables canciones y obras musicales para teatro. De su importante producción para orquesta y obras musicales para Broadway y Londres anoto sólo tres. La fecha de publicación se da entre entre paréntesis: Oh, Kay! (1926)[61]; Porgy and Bess (1935)[62] contiene canciones de bellísima línea melódica con letra de Ira Gershwin y DuBose Heyward. La película, The Goldwyn Follies (1938)[63], fue producida con letra de Ira y música de George Gershwin. George Gershwin continuó escribiendo música hasta su muerte en 1937. Consúltese la biografía, George Gershwin, de Isaac Goldberg[64] para detalles sobre toda su producción artística.

Jerome Kern.

Jerome Kern fue un compositor prolífico de bellas canciones y obras musicales para teatro y cine. Compuso la letra y música de un gran número de sus canciones y también colaboró con muchos letristas siendo los más sobresalientes Oscar Hammerstein, II, P. G. Wodehouse y Dorothy Fields. Por ejemplo, la famosa obra musical para teatro, Show Boat (1927), está escrita con música de Jerome Kern y letra de Oscar Hammerstein, II. Ninety

60 De la colección de la autora.
61 Julius Mattfeld, Variety (Englewood Cliffs, N.J.: Prentice-Hall, Inc., 1962) 422.
62 Mattfeld 497.
63 Mattfeld 522.
64 Isaac Goldberg, George Gershwin (New York: Frederick Ungar Publishing Co., 1958).

in the Shade(1915) es la primera obra musical de importancia para teatro en la producción de Jerome Kern debido a su estilo nuevo, según la crítica.[65] La letra es de Harry B. Smith. A ésta siguen cantidad de canciones y baladas para innumerables obras musicales teatrales tales como Miss Information (1915), Very Good Eddie (1915), Girls Will Be Girls (1916), Have a Heart (1917), Oh, Boy! (1917), Love o' Mike (1917), etc., [66] con música y letra de un sinfín de letristas: Otto Harbach, Schuyler Greene, Herbert Reynolds, Harry B. Smith, Elsie Janis, etc.[67] Kern continuó componiendo hasta su muerte en 1945. Consúltese la biografía, Jerome Kern, de Gerald Bordman para mayores detalles sobre la vida y obra de Kern.

Cole Porter.

Cole Porter escribió su propia letra y música de sus canciones y obras musicales para teatro. Fue un compositor sumamente prolífico publicando más de mil canciones hasta 1958. Murió en 1964. Sus obras tuvieron éxito desde sus días de estudiante en la Universidad de Yale así como después en los teatros de Broadway, Londres, Hollywood y en teatros a través de los Estados Unidos. En la Universidad de Yale sus primeras obras musicales teatrales fueron: Cora (1911), And the Villain Still Pursued Her (1912), The Pot of Gold (1912), The Kaleidoscope (1913), Paranoia (1914). [68] Comenzó sus giras de producciones teatrales en el estado de Nueva York con See America First (1916).[69] Después siguieron giras por todo el país con Kitchy-Koo of 1919. En 1920 en Londres presentó A Night Out; Mayfair and Montmatre (1922); en Nueva York Greenwich Village Follies (1924), Out O'Luck (1925); en París La Revue des Ambassadeurs (1928); en Nueva York París (1928); en Londres Wake Up and Dream (1929); en Broadway The New Yorkers (1930), Gay Divorcee (1932), etc.[70] En 1935 su producción musical, Jubilee, estrenó la canción que adquirió éxito internacional: "Begin the Beguine." María Grever compuso la letra en español (1935) de "Begin the Beguine." [71] Consúltese la extensa biografía de Cole Porter escrita por Charles Schwartz para obtener información detallada sobre la obra de Porter.

---

[65] Gerald Bordman, Jerome Kern. His Life and Music (New York: Oxford University Press, 1980) 99.

[66] Bordman 115-139.

[67] Bordman 115.

[68] Charles Schwartz, Cole Porter: A Biography (New York: Da Capo Press, Inc., 1979) 273.

[69] Schwartz 274.

[70] Schwartz 275-280.

[71] Cole Porter, "Begin the Beguine," Spanish version by María Grever, Copyright 1935 by Harms, Inc.

<u>Irving Berlin</u>.

Nació en Siberia, Rusia. Siendo muy pequeño llegó con su familia a Nueva York en donde vivieron sufriendo gran pobreza. Al crecer y comenzar a componer sus canciones, sin embargo, Irving Berlin--joven negociante además de compositor--formó su propia compañía editora de música durante la década de los veinte en Nueva York. Prolífico compositor de canciones y obras musicales para teatro, compuso su propia letra y música. Al principio de su carrera musical colaboró con otros músicos en la composición de 53 canciones. Por ejemplo, de los años 1907-1909 son "Marie from Sunny Italy" con letra de Irving Berlin y música de M. Nicholson; "Queenie" en colaboración con Maurice Abrahms; "Sadie Salome-Go Home" con Edgar Leslie; "Goodbye Girlie" y 36 canciones más con Ted Snyder.[72] Sus primeras revistas musicales de gran éxito en Nueva York, todas con letra y música de Irving Berlin según Woollcott, fueron <u>Ziegfield Follies</u> (1912), <u>Watch Your Step</u> (1916), <u>Stop, Look, Listen</u> (1916), <u>Yip, Yip Yaphank</u> (1918), <u>Follies of 1919</u>, <u>Follies of 1920</u>, <u>Music Box Revue No. 1</u> (1921), etc. [73] Irving Berlin dictaba su música al joven pianista Arthur Johnston porque Berlin no sabía ni leer ni escribir música.[74] En aquellos años, según Woollcott, Berlin sólo sabía tocar en las teclas negras del piano.[75] El legendario Berlin murió en Nueva York el 22 de septiembre de1989 a la edad de 101 años.

<u>La canción clásica mexicana</u>.

En el área de la canción clásica mexicana se observa el mismo fenómeno: son casi inexistentes los compositores que escriben su propia letra. En el Apéndice de su tesis doctoral, Hugh Cardon[76] anota 16 compositores, los títulos, los poetas y fechas de composición. Las fechas datan de 1927 a 1968. Anoto aquí sólo las obras con fecha de composición que datan de los primeros treinta y nueve años de este siglo:

---

[72] Alexander Woollcott, <u>The Story of Irving Berlin</u> (New York: Da Capo Press, 1983) 225-230.

[73] Woollcott 227-235. Consúltese <u>The Story of Irving Berlin</u> para información adicional.

[74] Woollcott 190.

[75] Woollcott 35.

[76] Hugh Cardon, "A Survey of Twentieth Century Mexican Art Song," diss., U of Oregon, 1970, 95-103.

Compositor	Título	Poeta	Fecha de Composición
Ayala, David	Cuatro canciones	Juan Ramón Jiménez	1932
	1. Nostalgia		
	2. Abril		
	3. Otoño último		
	4. Soledad		
Chávez, Carlos	Dos canciones		
	1. Todo	Ramón López Velarde	1932
	2. North Carolina Blues	Xavier Villaurrutia	1942
	Tres poemas para canto y piano		1938
	1. Segador	Carlos Pellicer	
	2. Hoy no lució la estrella de tus ojos	Salvador Novo	
	3. Nocturna rosa	Xavier Villaurrutia	
de Elías, Alfonso	Madrigal I	Francisco de Elías	1927
Galindo, Blas	Tres canciones		1939
	1. Jicarita	Alfonso del Río	
	2. Mi querer pasaba el río	Elías Nandino	
	3. Paloma blanca	Blas Galindo	

Manuel M. Ponce, que compuso la letra y música de la famosa "Estrellita" en 1914, se inspiró en los siguientes poemas para estas canciones:

Ponce, Manuel M	Tres poemas de Mariano Brull	Mariano Brull	1931
	1. Granada		
	2. Por el ir del río		
	3. Verdehalago		
	Tres poemas de Lermontow	Mikhail Y. Lermontow	1932
	1. Les E'toiles		
	2. L'Ange		
	3. La Bohemienne		
	Cuatro poemas de Francisco A. de Icaza	Francisco A. de Icaza	1936
Sandi, Luis	Diez Hai Kai	José Juan Tablada	1933

Como se observa, todos los compositores principales durante los primeros treinta y nueve años de este siglo son varones y, con excepción de seis, todos componían sus canciones inspirándose en poemas de otros, varones también. Los seis que escribían su propia música y letra eran Jorge del Moral, Agustín

32

Lara, Alfonso Esparza Oteo, Jerome Kern, Irving Berlin y Cole Porter. Los últimos cuatro también colaboraban en ocasión con otros poetas. Parece ser, en todo caso, un talento no común en una misma persona escribir la poesía y la música para sus propias composiciones.

II. "POESÍAS MUSICADAS," EL APOGEO y ALFONSO ORTIZ TIRADO

Carlos Grever señaló que 1920 fue el año en que su madre, María Grever, empezó a componer. El título fue "Un beso,"[1] cuyo manuscrito se ha perdido. El año 1920 se puede fijar como el principio de la segunda etapa de la carrera artística de María Grever. Tenía 35 años de edad. De 1920 a 1925 es posible que haya escrito composiciones pero no se encuentran manuscritos de esos años. En 1925, Juan S. Garrido indica lo siguiente:

> María Grever, mexicana residente por entonces en los Estados Unidos, trajo [a la Ciudad de México] en uno de sus viajes la canción "Rayito de sol," que le fue publicada aquí y parece ser la primera de sus canciones editada en México.[2]

El manuscrito de esta canción también se ha perdido.

Comienzo del apogeo de María Grever.

El apogeo de María Grever comienza en 1927 al grabar José Mojica la canción-tango, "Júrame," de María Grever en discos Víctor Sello Rojo. Dice Mojica al recordar "Júrame": "la cual, desde que salió a la venta y presenté en mis conciertos, tuvo un éxito rotundo."[3] María Grever la había publicado en 1926 en la casa G. Schirmer de Nueva York.

Con respecto a los primeros años de su carrera profesional, dice Carlos Grever:

> G. Schirmer, Robbins, etc., aceptaban su música pero a costa de mucho trabajo porque ella estaba compitiendo con Cole Porter, Irving Berlin, . . . Ella escribió la letra en español de "Begin the Beguine" [4] [de Cole Porter].

Con el éxito por toda la América Latina de "Júrame," G. Schirmer comenzó a publicar canciones de María Grever el año siguiente, 1927. La casa Schirmer publicó un total de ocho canciones de María Grever de 1926 hasta 1938, como se notará más adelante.

---

1 Guzmán, El Nacional, 8.
2 Garrido 57.
3 Mojica 269.
4 Grever, entrevista, 8-11-86.

34

De esmerado cuidado técnico e inspiración al nivel de "Júrame" son dos exquisitas canciones con letra y música de María Grever* publicadas en 1927 por G. Schirmer: "Loca, loca" y "Tú, tú y tú." Con respecto a la publicación de obras en aquellos años, Carlos Grever aclara lo siguiente:

> Mi madre nunca tuvo representante. En esa época no existía la costumbre de los managers como ahora, por ese motivo sus canciones se las dio a muchos editores y yo no las tengo. He tenido que hacer una búsqueda minuciosa.

Señala Carlos Grever que la familia Grever formó la compañía Portilla Music Corporation en Nueva York:

> Portilla Music Corporation era de mi mamá, de mi papá, de mi hermana Carmen y mía . . . pero ellos no querían trabajarla . . . no tenían interés. Yo cerré esa compañía y formé otra yo solo: Grever Music Company. En 1953 yo formé Grever International, S.A. en México. [5]

Existen varias composiciones de María Grever publicadas por Portilla Music Corporation. La primera, según los archivos, parece ser "Bonita como las flores" publicada en 1927. (La siguiente publicación de María Grever con Portilla Music Corporation aparece en 1941.)

En ese mismo año, 1927, María Grever publicó "¡Ese tango...!" con A. Wagner y Levien en la Ciudad de México, su segundo tango después de "Júrame."

En 1928 G. Schirmer publicó su vals, "Hasta la vista." También en 1928 G. Schirmer publicó María Grever Songs, un bello álbum de promoción, con muestras de siete canciones de María Grever. En este álbum aparece por primera vez la frase "poet-composer" [poeta-compositora]. Con el solo hecho de publicar este pequeño álbum, G. Schirmer afirma y asegura la importancia de las composiciones de María Grever ante el mundo musical no sólo de los Estados Unidos sino también de América Latina. La introducción en la primera página del álbum está tomada del Musical Observer. Aquí María Grever presenta su conocimiento de la cultura y raíces musicales del mundo español, indio y mexicano y expresa su deseo de trabajar con esta herencia musical por ser una base válida de inspiración. Además, manifiesta su concepto de cómo desea que sean sus composiciones. La introducción

---

* María Grever escribió la letra y música de todas sus composiciones como ya se ha anotado y no se repetirá esta aclaración de aquí en adelante a menos que haya otra indicación.
5 Grever, entrevista, 8-11-86.

menciona la revolución mexicana, la razón por la cual María Grever tuvo que salir de México y establecerse en Nueva York:

> ... I had to leave the country," says Mme. Grever, "and I am now in New York. I am interested in your American jazz. I am interested in modern music. But I am interested most of all in my own Mexican music and I want to try and present it for the Americans. I do not think that they know very much about it. And it is worth knowing. ... There is a wealth of song-culture in Mexico. It is of Spanish and Indian origin and there is also the blend of the two. Melody and rhythm are there--idiomatic and distinct from the melody and rhythm of other countries. Very little has been done in the exploitation of this native song-culture and what has been done has often been a monstrous perversion of the true idea. It is my wish and ambition to present the native melodies and rhythms in their real light, but with the necessary softening of the harsh corners and ravelling up of the ragged edges to appeal to the universal ear. It is my firm conviction that folk-music is the valid basis of all music. Well, of course, that is nearly a truism, for all the great composers have used that very basis.

La letra de las canciones está en español, naturalmente, y las traducciones al inglés de todas las canciones son de Frederick H. Martens. Cada canción del álbum Schirmer trae una descripción en inglés y el precio de cada canción: 50 centavos. Las canciones del álbum son: "Júrame," "Hasta la vista," "Jacalito," "Loca, loca," "Tú, tú y tú," "Yo no sé" y "Gitanerías." La última página del álbum anuncia 'Aceptadas para publicación': "A solas," "Labios rojos," "Mañana por la mañana," "Rataplán" y "Un instante."

Al siguiente año, 1929, G. Schirmer publicó "Mañana por la mañana" como había anunciado y Southern Music Publishing publicó su hermoso tango canción "¡Cobarde!!!"

También de 1929 datan los primeros artículos y programas en los archivos de la familia Grever. Estos artículos mencionan otros viajes y giras de conciertos de María Grever a Colombia y a Centro América pero lamentablemente se han perdido esos programas. El primer programa en el archivo Grever indica que este recital tuvo lugar en el Teatro Principal de la Comedia en La Habana, Cuba el 25 de febrero de 1929 a las 9:30 de la noche. El programa no indica quién la acompañó al piano. María Grever cantó nueve composiciones suyas en este orden: "Tú tú y tú," "Mañana por la mañana,"

"Será porque te quiero," "Mujer cubana," "Devuélveme mi beso," "Eso es mentira," "Labios rojos," "A una ola" y terminó el programa con "Júrame." De estas canciones, dos estaban sin publicar. María Grever publicó "Labios rojos," dedicada a Dolores del Río, en 1930 con G. Schirmer y el tango "Eso es mentira" en 1931 con Southern Music Publishing Company. La última página de este programa en La Habana anota 42 canciones de María Grever. Lo interesante aquí es observar que la mayoría de estas canciones no se había publicado todavía en 1929. Por ejemplo, "Alma mía" fue publicada en 1931 por Peer International Corporation y "Rataplán" se publicó hasta 1936 por G. Schirmer. Muchas de las partituras de las canciones de este programa se han perdido. Las 42 canciones anotadas en el programa de 1929 en La Habana indican que María Grever poseía un vasto repertorio inédito de sus canciones. Respecto a esto, Carlos Grever dice en una entrevista:

> Sus primeros conciertos tenían por objeto introducir su música.
> --¿Cuántas canciones compuso María Grever?
> --Más de mil. Hay infinidad que están inéditas. [6]

En el archivo de artículos de la familia Grever, se encuentra el primer artículo de la colección que describe las giras de conciertos de María Grever. El rasgo característico que salta a la vista a través de estos artículos es el cariño y afecto del público hacia las canciones de María Grever y el respeto y entusiasmo con que el público la recibía en sus conciertos.

María Grever viajó a Los Angeles en mayo de 1929 y se le recibió con cariño y admiración. Existen dos artículos de esa estancia en Los Angeles. En el primero, el periodista Gabriel Navarro manifiesta su conocimiento de la carrera musical de la compositora. Dice:

> María Grever está en Los Angeles. Para los que hemos seguido cariñosamente la carrera de esta mujer extraordinaria, que ha recorrido el mundo sembrando a su paso el tesoro de su inspiración, su estancia aquí es un acontecimiento; . . .

Navarro menciona algunas de sus canciones, "Júrame," "Bésame," "Loca, loca," y expresa su sentimiento personal hacia las canciones de María Grever. Su expresión define el sentir del público que instintivamente supo apreciar las canciones de María Grever. Dice Navarro:

> Se diría que le hemos comunicado nuestros sentimientos para que sea ella quien los ponga en música, descorriendo la cortina discreta que oculta el paisaje de nuestras almas.

---

6 Guzmán 8.

Todos tenemos, en un rincón de nuestro espíritu, esos momentos íntimos y cuando oímos una de sus canciones, nos sorprendemos de la similitud existente entre nuestro sentir y el suyo. . . . Es como si nosotros, incapacitados para decir las cosas bellamente, le hubiésemos dictado a ella . . . [7]

Indudablemente hubo veladas en las que cantó María Grever sus composiciones pero desgraciadamente se han perdido esos programas. Existe sólo otro artículo de esa estancia en Los Angeles describiendo una cena para sesenta personas en la casa de la señora Eva Puig en Beverly Hills para despedir a la Sra. Teresita de Mendoza. Después de la cena, en el salón principal de la residencia, la invitada de honor, María Grever, cantó sus canciones. El artículo hace notar que "El entusiasmo que provocaron las canciones de María . . . fue sencillamente indescriptible."[8] Una nota interesante es observar el cariño que María Grever tiene para México y que se observará también en futuras ocasiones. El artículo dice:

Al finalizar la fiesta, y entusiasmados todos por las canciones de María Grever, se propuso una 'viva' para ella. Pero la distinguida artista, revelando un intenso cariño para su patria, pidió que ese 'viva' no fuese para ella, sino para México, la tierra a donde tantos deseos tiene de volver . . . Se brindó por Méxio en medio de un entusiasmo enloquecedor. [9]

Con esta estancia en Los Angeles, María Grever dejó sentada una base artística a la que regresaría en 1930 para grabar discos. Entretanto, se preparó para una gira artística a México en 1929 después de varios años de ausencia.

El primer artículo de México en el archivo Grever describe la cariñosa recepción a su llegada por ferrocarril a la capital de México en octubre de 1929 después de siete años de residencia en Nueva York. El artículo habla con admiración sobre la obra musical de María Grever y describe que la recibieron miembros de la prensa, fotógrafos y amigos con ramos de flores:

María Grever fue recibida en la estación de la Colonia con inusitado cariño. . . . Después en el hotel, la señora hablaba con entusiasmo de su inesperada vuelta a la patria después de siete años de ausencia y de recorridos triunfales y gloriosos por Colombia . . . . y Centroamérica.

---

7   Gabriel Navarro, "Hace Música y Hace Patria. María Grever, la inspirada autora de 'Chiquitita mía,' nos cuenta sus impresiones," La Opinión 16 de mayo de 1929: 1.
8   "Fiesta de despedida a la Sra. de Mendoza," La Opinión. 1929.   Grever International, S.A., Album de la familia Grever.
9   "Fiesta de despedida . . ." Album de la familia Grever.

Esta extraordinaria mujer que tiene la ciudad de Nueva York como campo de trabajo y que ha llegado a una altura envidiable por sus triunfos . . . ha mostrado ante todos que la canción mexicana es la que ella y Ponce, únicamente, componen y a la cual se acerca ya Jorge del Moral.[10]

Durante la misma entrevista en el hotel, María Grever expresa su opinión sobre la canción en general y específicamente, con palabras fuertes, habla sobre la canción mexicana y su aporte a ella:

La canción, que es un mensaje de un pueblo a otro, debe ser la verdadera expresión del sentimiento artístico de un pueblo. Por eso, cuando cantan en los Estados Unidos sones cuya literatura arrabalera y mentirosa se traduce, se cree que México es un país de pulque y de puñaladas. Pero aquí estoy yo que me he propuesto rectificar esas mentiras.

María Grever expresa en esa entrevista su preferencia por las composiciones de Tata Nacho (Ignacio Fernández Esperón) pero no por las de Alfonso Esparza Oteo: ". . . el tipo de cancionero popular mejor en el país es Tata Nacho. No le gustan las composiciones de Esparza Oteo . . ." [11]   En este artículo se lee por primera vez cuáles cantantes son los que ella considera los mejores intérpretes de sus canciones. Opina que son el doctor "Alfonso Ortiz Tirado y Juan Arvizu." [12]

Un detalle interesante que se observa durante la entrevista es el desconcierto del periodista que iba preparado a platicar con María Grever sobre el tema de "'Júrame,' de una delicadeza de flor, que sólo pudo haber escrito una mujer llena de ternura y de sutil emoción."[13]   Se desconcierta al oír a María Grever hablar de contratos y de dólares y, con sutil crítica dice, ". . . a ratos y como una nota un poco falsa, la inspirada compositora se convertía en Mrs. Grever y hablaba de contratos, de dólares . . . " Para consolarse y "para arrancarme ese brusco cambio de la emoción, recordaba yo que nuestro insigne [Julián] Carrillo habló de ella con entusiasmo y con frases de una definitiva consagración." Con esta convincente "consagración", el periodista recapacita y reconoce el trabajo artístico logrado por María Grever hasta esa fecha: "No es una mujer impreparada, . . . Europa fue para esta artista compatriota el campo de enseñanza de que disfrutó ampliamente. Ya era artista: 'ya lo traía' como se

---

10 Jacobo Dalevuelta, "La autora de 'A una ola' arribó ayer a esta ciudad," El Universal 29 octubre 1929: 1.
11 Dalevuelta 6.
12 Dalevuelta 6.
13 Dalevuelta 1.

dice . . . " [14] Concluye su artículo con un elogio del aporte de María Grever a la canción mexicana:

> Es una vocera de la necesidad que hay--y por la que venimos luchando desde hace mucho tiempo estérilmente--de dignificar la canción. Forma en las filas de Ponce y de Gomezanda y sólo oyéndola se puede uno dar cuenta del mal que nos han hecho los que sin el menor escrúpulo piensan que la canción mexicana debe ser un hato de obsedades.[15]

Nuevo término: "poesías musicadas."

El primer recital de María Grever en la Ciudad de México después de siete años de ausencia tuvo lugar en el Teatro Virginia Fábregas el 21 de noviembre de 1929. El término "poesías musicadas" aparece por vez primera en el programa y en los anuncios del recital. El programa anuncia:

> María Grever
>
> Presenta
>
> Un grupo de sus últimas poesías musicadas,
> compañadas por su primer violinista, Sr.
> Daniel Pérez Castañeda y del Trío: Ruvalcaba,
> Bravo y Ariza.

Todas las poesías musicadas de este recital son composiciones de María Grever ejecutadas por ella misma.

La cubierta del elegante programa anuncia que el recital está:

> patrocinado por "The Mexico Music Co., S.A." Distribuidores Victor de quien es artista exclusiva.[16]

María Grever cantó: "Tú, tú y tú," "A solas," "Un instante," "Peregrino de amor," "Gitanerías," "Lamento gitano" y "Cacho de cielo." Después del intermedio el tenor, Dr. Alfonso Ortiz Tirado cantó: "En alta mar," "Te quiero . . . dijiste," "Un beso" y "Júrame." El cronista José Joaquín Gamboa en la reseña del día siguiente escribe que el teatro estaba "lleno de arriba a abajo" y que hubo una "tempestad de aplausos" del público. Gamboa elogió el recital en general pero criticó de la siguiente forma la manera de presentarse de la compositora: "De los Estados Unidos, mercantilizados hasta la saturación,

---

[14] Dalevuelta 1.

[15] Dalevuelta 6.

[16] Grever International, S.A., archivo, Album de la familia Grever, México, D.F.

aprendió nuestra compatriota la manera de anunciarse y de presentarse. . . . Acaso esto último, la manera de presentarse nos chocó un poquillo en quien pretende ser una artista." Por otra parte, Gamboa admira la dicción del Dr. Alfonso Ortiz Tirado pero no la de María Grever, añadiendo "quizá porque su español se ha contaminado algo de la pronunciación del inglés norteamericano, . . ."[17] Finalmente, no pudiendo definir claramente las composiciones de María Grever, aunque admite que su "música popular ha alcanzado su noble objeto, llegar al corazón del pueblo, que las ha hecho suyas, cantándolas por todas partes"[18], termina escribiendo acertadamente:

> La [música] de María Grever recuerda la cadencia de las antiguas danzas, 'habaneras;' en algunas, como en 'Júrame, el clásico tiempo de tango argentino, y en otras busca el sabiamente erótico del vals lento. [19]

María Grever presenta otro recital el 6 de enero de 1930 en el Castillo de Chapultepec de la Ciudad de México con varios artistas. Es un programa variado en el cual el Quinteto del Conservatorio Nacional presenta "Scheherazade" de Rimsky-Korsakow y la Rapsodia No. 2 de Liszt; la pianista Guadalupe Barajas toca la "Toccata y Fuga" de Bach-Tausig y el "Estudio" de Liszt; el tenor Miguel Fleta canta "Mignon" de Thomas y el "Ay, ay, ay" de Freyre. El tenor Alfonso Ortiz Tirado canta "Lamento gitano" de María Grever y canta a duo con María Grever "A una ola." María Grever cierra el programa cantando ella sola "Júrame" y "Tú, tú y tú."

El último recital de esa serie en la Ciudad de México lo presentó el 9 de enero de 1930 en el Anfiteatro de la Preparatoria en la Calle de Justo Sierra. Hay dos observaciones interesantes con respecto a este programa: por primera vez están indicadas 14 canciones para el Dr. Alfonso Ortiz Tirado y 14 canciones para María Grever y al público se le pide que escoja las canciones predilectas de esta manera:

> María Grever se despide cariñosamente del culto público de México y al mismo tiempo atentamente suplica a los asistentes a su Recital se sirvan manifestar al Sr. Ortiz Tirado como a ella los números de su predilección en la lista adjunta puesto que el programa lo formarán ante el público y a petición del mismo.

---

17 José Joaquín Gamboa, "La presentación de María Grever en el Teatro 'Fábregas'," *Teatralerías*, 23 noviembre 1929. Grever International, S.A., archivo. Album de la familia Grever.
18 Gamboa.
19 Gamboa.

La primera parte del programa es de María Grever con los siguientes números: "Peregrino de amor," "Hija mía," "Mi secreto," "Alma mía," "Con que ese era tu amor?" "Lucerillo," "Por qué te vas," "Devuélveme mis besos," "En alta mar," "Dime por Dios," "Un beso," "Será porque te quiero," "Júrame," "Cancionera." La segunda parte del programa fue del Dr. Alfonso Ortiz Tirado: "Labios rojos," "Florecita," ¡Cobarde...!" "Lamento gitano," "Corazón mío," "Yo no sé," "Rataplán," "Te quiero dijiste," "Por si no te vuelvo a ver," "Duda solitaria," "Gitanerías," "Una rosa y un beso," "Siempre," "Mi sueño." El programa terminó con el Dr. Ortiz Tirado y María Grever cantando a dos voces: "Mañana por la mañana," Tú, tú y tú," "Entonces fue," "Gavilán," "A una ola," "Los sevillanos." Los artistas que acompañaron el recital fueron el violinista Daniel Pérez Castañeda, Francisco Salinas, guitarra, Jesús Camacho Vega, cello, e Higinio Ruvalcaba, piano. [20]

En marzo de 1930, María Grever y el tenor Alfonso Ortiz Tirado salieron por ferrocarril de la Ciudad de México en gira rumbo a Los Angeles, California para grabar discos. Hicieron escala en El Paso, Texas donde les esperaba estusiasmado el público de Ciudad Juárez, Chihuahua y el de El Paso, Texas. Días antes de la llegada, los periódicos del 12 de marzo de 1930 anunciaron la venida de los artistas: "Delirante Entusiasmo Ha Producido el Anunciado Concierto de la Señora Grever y el Tenor Dr. A. Ortiz Tirado," y con letras mayúsculas "Hoy llegan a Cd. Juárez la compositora María Grever y el tenor A. Ortiz Tirado." [21] El periódico citó la opinión de varios artistas refiriéndose a las composiciones de María Grever. Entre ellos, según el artículo, el tenor Enrico Caruso dijo: "Es un placer cantar tus números porque son únicos en su intensidad y en su inmensa sinceridad." El tenor español Miguel Fleta dice: "Sus canciones son tan diferentes, tan bellas, que solamente atraen al verdadero artista." El tenor italiano Tito Schipa opinó: "Tengo una profunda admiración por sus sentidas composiciones que canto con placer." El novelista español Eduardo Zamacois dijo: "María escribe su música con parte de su alma, en lugar de usar tinta." El compositor mexicano Julián Carrillo dijo: "Todos los mexicanos nos debemos sentir orgullosos de tener como representativo de nuestro arte a María Grever."[22] El artículo también incluye dos puntos significativos: 1) menciona el orgullo de María Grever de ser mexicana, "María Grever tiene una sola vanidad, delirante: el ser mexicana, el

20 Grever International, S.A., archivo. Album de la familia Grever.
21 "Hoy llegan a Cd. Juárez la compositora María Grever y el tenor A. Ortiz Tirado," El Continental 12 marzo, 1930: 12.
22 "Delirante entusiasmo ha producido el anunciado concierto de la Señora Grever y el tenor Dr. A. Ortiz Tirado," El Continental 13 de marzo 1930.

que se lo digan, . . ." y 2) habla de las grabaciones Víctor Sello Rojo por José Mojica y Alfonso Ortiz Tirado,

> hasta la fecha sólo dos tenores mexicanos han alcanzado el privilegio de [grabar] su voz en discos Víctor de sello rojo; uno e ellos es José Mojica y el otro el doctor Ortiz Tirado, lo cual demuestra plenamente la valía de esos dos artistas . . . pues la casa Víctor ha sido muy escrupulosa en ese sentido y sólo graba discos en sello rojo de aquellos artistas de primera fila. [23]

El concierto tuvo lugar el sábado, 15 de marzo de 1930 en el auditorio del Liberty Hall en El Paso, Texas. Según la reseña de Luis R. Alvarez, la velada fue un éxito rotundo. El periodista Alvarez confiesa su gran admiración por la canción, "Júrame," y admite su sorpresa al no imaginarse que "fuera obra de mujer." Comienza su artículo diciendo

> antes de saber quién había creado esa bella y sentimental canción, no me imaginaba que fuera obra de mujer."Júrame" es la canción más bien hecha y magnífica de cuantas hemos conocido; es original, es dulce, es grandemente sugestiva . . . [24]

El público recibió la velada con gran entusiasmo. El escenario, según la reseña, estaba adornado con flores, jarrones, zarapes de Saltillo y mantones de Manila. Sentadas en grupos en el escenario estaban señoritas mexicanas y norteamericanas luciendo trajes de china poblana y de manola. Las canciones fueron recibidas con gran admiración y aplausos prolongados. Alvarez describe los aplausos del público como "río desbordado." La última canción de Ortiz Tirado, "¡Cobarde!" aumentó el delirio del público, llegándose al paroxismo. . ."[25]

El lunes siguiente, María Grever y Alfonso Ortiz Tirado salieron de El Paso por ferrocarril con destino a Los Angeles, California. María Grever viajaba con su hija, Carmen, en esta ocasión. Su hijo, Carlos, estaba en el internado de St. Dominic's Catholic School en New Jersey.

María Grever y el Dr. Alfonso Ortiz Tirado llegaron a Los Angeles el 19 de marzo de 1930 preparados para grabar 17 discos para la Casa Víctor. Los discos se grabaron en Hal Roach Studios de Culver City, California. El Dr. Ortiz Tirado fue el primero en grabar. La sesión tuvo lugar la noche del 21 de marzo de 1930 de las 9 pm hasta las11:55 pm con orquesta de dos violines,

---

[23] "Delirante entusiasmo . . . ," El Continental, 13 de marzo 1930.
[24] Luis R. Alvarez, "María Grever y Alfonso Ortiz Tirado ovacionadísimos en el Liberty Hall," El Fronterizo 17 de marzo de 1930: 1.
[25] Alvarez 2.

cello, contrabajo, clarinete, flauta, trompeta, trombón, piano, guitarra y batería. El director fue Leroy Shields. Ortiz Tirado grabó "Un sueño," de María Grever publicado por Southern Music Company en 1930; "Florecita," de María Grever publicado por Southern Music en 1930; y "Ella dijo así," de Agustín Lara publicado por Southern Music en 1930. [26] La siguiente noche del 22 de marzo, Ortiz Tirado grabó con la misma orquesta y el mismo director las siguientes tres canciones: "Rosa," de Agustín Lara (Southern Music 1930); "Campanas de mi tierra," de Agustín Lara (Southern Music 1930); y "Cobarde," de María Grever (Southern Music 1930). [27] La tercera sesión fue la noche del 23 de marzo con la misma orquesta y director. Ortiz Tirado grabó tres canciones: "Cantar lejano," de Jorge del Moral (Southern Music 1930); "Te quiero, dijiste," de María Grever (Southern Music 1930); y "Clavel sevillano," de Agustín Lara (Southern Music 1930). [28] En la cuarta sesión, de 2 a 3 de la tarde del 24 de marzo con la misma orquesta y director, Ortiz Tirado grabó sólo una canción, "Por si no te vuelvo a ver," de María Grever (Southern Music 1930). [29] La quinta y última sesión de Ortiz Tirado con la misma orquesta y director fue la noche del 24 de marzo. Grabó dos canciones: "Tímida," de José Briseño y J. A. Verguez (Southern Music 1930); y "Lamento gitano," de María Grever (Southern Music 1930).[30]

En seguida, María Grever comenzó sus sesiones de grabación el 24 de marzo, 1930 por la tarde. Con el mismo director, Leroy Shields, y la misma orquesta anteriormente mencionada, grabó dos canciones: "Conque ese era tu amor" y "Mi secreto," ambas composiciones suyas publicadas por Southern Music en 1930. [31] El mismo día por la noche, grabó "Devuélveme los besos," composición suya publicada por Southern Music en 1930. [32] Hizo dos grabaciones adicionales en abril y mayo de 1930 para la casa Víctor: el 24 de abril en el mismo estudio y con la misma orquesta grabó "Ojas secas," composición suya publicada por Southern Music en 1930; y el 23 de mayo con la orquesta de Leroy Shields grabó "Al amanecer," composición de C. W. Cadman publicada por Oliver Ditson en 1906. [33]

---

26 Alfonso Ortiz Tirado, Victor Archives, grabación 21 de marzo, 1930. BMG Music Co., RCA Records, New York.
27 Ortiz Tirado, Victor Archives, grabación 22 de marzo, 1930.
28 Ortiz Tirado, Victor Archives, grabación 23 de marzo, 1930.
29 Ortiz Tirado, Victor Archives, grabación 24 de marzo, 1930.
30 Ortiz Tirado, Victor Archives, grabación 24 de marzo, 1930.
31 María Grever, Victor Archives, grabación 24 de marzo, 1930. BMG Music Co., RCA Records, New York.
32 Grever, Victor Archives, grabación 24 de marzo, 1930.
33 Grever, Victor Archives, grabaciones 24 de abril y 23 de mayo, 1930.

Recuerda Carlos Grever que durante los años 1929 a 1932, aproximadamente, María Grever fue contratada por los estudios Paramount y Fox de Hollywood para escribir fondos musicales y canciones para sus películas. En la película <u>Bathing Beauty</u> con Esther Williams, producida por MGM, se utilizó "Magic is the Moonlight," canción de María Grever que en español es "Te quiero, dijiste," publicada en 1930 por Peer-Southern Music Co. Según la documentación, "Magic is the Moonlight" fue cantada en la película por Ann Sothern y Jane Powell con la orquesta y coro del estudio, MGM Studio Orchestra and Chorus.[34] Los estudios Fox desaparecieron o fueron comprados por otra compañía y con los años, desafortunadamente, los archivos con la música de María Grever se perdieron, según Carlos Grever.

De regreso a Nueva York en 1934, María Grever continuó escribiendo su música, publicando y preparando programas y giras de conciertos. Era de carácter afable y su alegría de vivir era atrayente. Recuerda su sobrino, Joseph Cullinan, "¡Era la persona más generosa del mundo! Era muy alegre con un tremendo sentido de humor." [35] A su casa de Nueva York acudían artistas para escuchar sus canciones y para cantarlas. Dice Carlos Grever, "Nuestra casa se la pasaba llena de artistas, sobre todo cantantes mexicanos que iban a enterarse de las últimas cosas que había compuesto. Entre los asiduos visitantes estaba Pedro Vargas." [36] A la pregunta de Edith Guzmán, "¿Cómo era su madre?" Carlos Grever la describe de esta manera:

> Físicamente era de baja estatura, piel muy blanca, ojos y pelo negro, su tipo era muy español y su carácter sumamente alegre, llena de vida, chistosa. Le gustaba mucho echar cuentos, pero no los podía terminar porque se atacaba de la risa. Era siempre el centro de las reuniones, todo el mundo la quería. Una de sus cualidades era la bondad. Regalaba todo, especialmente a los cantantes que necesitaban.[37]

Durante estos años, la soprano norteamericana, Jessica Dragonette, transmitía programas de radio en Nueva York a través de la cadena CBS. Cantaba en inglés, por supuesto, pero también sabía cantar en español. Su programa estaba patrocinado por Cities Service, una compañía de petróleo. Anota Edwin M. Matthias, archivista del departamento de radiodifusión y

---

34 María Grever, "Magic is the Moonlight," <u>Bathing Beauty</u>, prod. MGM Studios, Hollywood. Motion Picture, Broadcasting and Recorded Sound Division Archives, The Library of Congress, Washington, D.C.

35 Joseph Cullinan, entrevista, 11 de agosto, 1986.

36 Guzmán, El Nacional, 8.

37 Guzmán 8.

cinematografía de la Biblioteca del Congreso, Washington, D.C. lo siguiente respecto a Jessica Dragonette:

> Jessica Dragonette sang mostly in English on her radio broadcasts, although she was known for her ability to sing in Spanish. Cities Service was a large oil company which sponsored the Dragonette Show. The Cities Service Orchestra was actually the CBS studio orchestra under the name of the sponsor. The show originated in New York City and was broadcast on the CBS radio network. The CBS flag station in New York was WABC until the FCC authorized CBS to change the name to WCBS in August 1946. [38]

Según la Colección Jessica Dragonette que se encuentra en los archivos de la Biblioteca del Congreso, la soprano cantó diez canciones de María Grever en sus programas de radio. Rosario Bourdon fue la directora de la Cities Service Orchestra durante todos los programas de la serie. Es interesante aquí notar brevemente la carrera musical de esta directora de orquesta, quizás la única directora femenina de orquesta de esa época en los Estados Unidos. Rosario Bourdon, nacida en Montreal, Canadá en 1889, tuvo una impresionante carrera musical. Estudió cello desde la edad de siete años en Montreal y fue al Royal Conservatory de Ghent, Bélgica para estudios avanzados de cello, composición, armonía, solfeo, teoría y música de cámara. Ganó varios premios por sus composiciones y fue concertista en Europa y en el Canadá. A la edad de 16 años tocó el cello con la Orquesta Sinfónica de Cincinnati; después con las orquestas de Philadelphia y St. Paul. Organizó el cuarteto de cuerda St. Paul String Quartet y debutó por radio como directora de la orquesta RCA Victor. Durante 1925 a 1936 fue la directora de orquesta para la grabación de películas. [39]

Las canciones de María Grever que incluyó Jessica Dragonette en sus programas con la Cities Service Orchestra transmitidos por la cadena CBS en Nueva York fueron las siguientes. La primera canción, "No me lo digas," se cantó el 26 de enero de 1934. La segunda fue "Te quiero, dijiste," en el programa del 9 de marzo, 1934. La tercera, "Let's Forget Tomorrow, Tonight," se cantó el 9 de noviembre, 1934. De esta y de las demás canciones a continuación en inglés por María Grever se ha perdido la información de publicación y los manuscritos. La cuarta canción, "La sevillana," se cantó el

---

[38] Edwin M. Matthias, Archivista, Motion Picture, Broadcasting and Recorded Sound Division, The Library of Congress, Washington, D.C., carta a la autora, 9 de marzo, 1989.

[39] Matthias, archivista, carta a la autora, 2 mayo, 1989. Rosario Bourdon, información tomada de New York: The ASCAP Biographical Dictionary of Composers, Authors, and Publishers, 1948 edition, 35.

30 de noviembre, 1934. No hay información sobre la publicación de esta canción. El 14 de diciembre, 1934, Dragonette volvió a cantar "Te quiero, dijiste." El 25 de enero, 1935 repitió "Let's Forget Tomorrow, Tonight." El 12 de abril, 1935 repitió "La sevillana." El 19 de julio, 1935 se cantó posiblemente una nueva composición en inglés de María Grever, "Lullaby." El 2 de agosto, 1935 se cantó otra canción nueva en inglés, "Heart Strings." La última canción, el 8 de enero, 1937, fue "Tell Me What To Do," probablemente composición nueva también. [40]

Dr. Alfonso Ortiz Tirado

Además del tenor José Mojica que dio fama a "Júrame" en 1927, el cantante que tuvo mayor influencia en dar a conocer las composiciones de María Grever en la década de los treinta fue el tenor mexicano, Dr. Alfonso Ortiz Tirado. Al tiempo que José Mojica continuaba su carrera artística de ópera, conciertos y películas, el Dr. Ortiz Tirado emprendía su doble carrera artística y médica en los Estados Unidos y en México.

La vida del Dr. Ortiz Tirado es de gran interés por el modo en que supo combinar su doble talento--de cantante y de médico--y supo ponerlo al servicio de la humanidad "para aliviar el dolor humano," como él decía. La interesante biografía del Dr. Ortiz Tirado por Enriqueta de Parodi, Alfonso Ortiz Tirado. Su vida en la ciencia y en el arte, [41] contiene valiosa información y datos que muestran cómo se difundió la música de María Grever y de otros compositores nuestros por toda Latinoamérica. El éxito de las radiodifusiones, de los conciertos y discos de Ortiz Tirado se debe indudablemente a la calidad de su voz pero también a la disciplina adquirida en su profesión de cirujano ortopédico y traumatólogo. Se recibió de médico en 1919.

Igual que José Mojica, Ortiz Tirado comenzó su carrera artística como cantante de ópera. Hizo su debut en la ópera Manon en 1922 en el Teatro Esperanza Iris de la Ciudad de México a la edad de 28 años. En varias temporadas de ópera cantó con Fanny Anitúa.[42] Su carrera artística y médica tomó otra dirección al ser contratado por Ralph Peer para cantar en la National

---

[40] Jessica Dragonette Collection, Motion Picture, Broadcasting and Recorded Sound Division, The Library of Congress, Washington, D.C.

[41] Enriqueta de Parodi, Alfonso Ortiz Tirado. Su vida en la ciencia y en el arte (México: Editorial Don Bosco, S.A., 1964).

[42] de Parodi 202.

47

Broadcasting Company de Nueva York en 1931.[43] Este contrato no sólo le dio otra dirección a su carrera sino que fue el medio por el cual se difundió la música de María Grever y de nuestros mejores compositores a Centro y Sudamérica. Ralph Peer, que después fue presidente de la Southern Music Publishing Company de Nueva York, era representante de la NBC (National Broadcasting Company) en aquellos años y su trabajo era buscar buenos cantantes latinoamericanos para los discos Víctor y para la NBC.

El motivo que impulsó al Dr. Ortiz Tirado a cantar por radio en la NBC de Nueva York era un sueño que se había venido forjando en la mente hacía algunos años: quería con su canto recaudar fondos para construir una clínica que aliviara el dolor humano. Su contrato con la NBC fue de veinticinco semanas. Recuerda Ralph Peer que el Dr. Ortiz Tirado "recorrió los Estados Unidos en gira artística . . . y dondequiera habló a sus admiradores del gran proyecto de su vida: el hospital." [44] Tenía amigos médicos norteamericanos en Nueva York y en Denver donde había hecho su internado. Agrega Peer que "Los estudios de la NBC se acostumbraron a dos cosas: a sacar a Ortiz Tirado de . . . los hospitales cuando no acudía a tiempo a un ensayo, y a ver diseños arquitectónicos de su hospital soñado . . en los papeles de música." [45]

Durante su contrato en Nueva York, salió a cantar a Washington, D.C., Chicago, Philadelphia, Baltimore y Schenectady. En Washington, D.C., cantó en la Unión Panamericana acompañado por la Banda de Marina. Este concierto se radió a toda Latinoamérica y "desde Buenos Aires, don Antonio Davvoto y Benjamín Gaché, propietarios de Radio Splendid, lo contrataron para un viaje a Sudamérica después de haberle oído cantar." [46] Fue en Schenectady, New York desde donde se difundieron sus conciertos a Sudamérica y desde donde fue contratado para cantar en Caracas, Venezuela. Ralph Peer recuerda lo siguiente acerca de la radiodifusión en Schenectady del Dr. Ortiz Tirado:

> fue a Schenectady . . . para cantar en una trasmisión por onda corta que hacía a Sudamérica la General Electric Company. Cuando llegó hora del ensayo lo encontraron en la fábrica examinando aparatos de rayos X. Allí mismo encargó la máquina de rayos X más costosa que fabricaba la compañía. Luego habló

---

43 de Parodi 166.
44 de Parodi 167.
45 de Parodi.
46 de Parodi 90.

de su hospital durante la radiodifusión para que todo el mundo al sur del Río Grande se enterase. [47]

Años más tarde, al andar en gira artística por América del Sur y recibir el cariño y el aplauso del público de esos países, Ortiz Tirado recuerda las trasmisiones de Schenectady, Nueva York y dice:

> Fue precisamente en Cartagena, Colombia, donde comencé a darme cuenta de la importancia de las canciones que había yo cantado ante los micrófonos de la National Broadcasting, que habían sido retransmitidos para la América del Sur por la poderoza difusora de Schenectady.[48]

¿Y qué canciones cantaba el Dr. Ortiz Tirado? Su hermana, Sara, recuerda que junto con otras canciones, él cantaba las composiciones de María Grever. Dice Sara que "Precisamente Alfonso fue el intérprete de sus canciones por mucho tiempo; en sus viajes a Centro y Sudamérica hizo famoso "Te quiero, dijiste," "Júrame" . . . " [49] En una entrevista en Venezuela, se le pregunta a Ortiz Tirado cuándo y con qué canción debutó por radio. Ortiz Tirado contesta que "Fue en 1920 [en la Ciudad de México] en una pequeña estación . . . Después en la radiodifusora de la Compañía Cigarrera El Buen Tono, que actualmente es . . . la XEB. Más tarde fui uno de los fundadores de la XEW, la Voz de la América Latina." [50] El Dr. Ortiz Tirado cantó el 18 de septiembre de 1930 durante la transmisión de los primeros programas de la XEW. Obsérvese que las canciones con las que debutó en la XEW apuntan al comienzo del apogeo de esos compositores. Contesta Ortiz Tirado que debutó "con las canciones del compositor [Alfonso] Esparza Oteo "Un viejo amor" y "Eres tú." Después en la XEW continué estrenando las canciones de Agustín Lara, María Grever, Mario Talavera, Guty Cárdenas, Tata Nacho . . . " [51]

La XEW, la Voz de la América Latina, fue fundada por don Emilio Azcárraga en la Ciudad de México en 1930. En 1938 fundó la XEQ. La importancia de la XEW fue que con sus 5 mil vatios de potencia (inicialmente) la voz de Ortiz Tirado llegó a través de sus ondas a la América del Sur para convertirlo en ídolo de América. [52] Años más tarde, en 1949, según recuerda Carlos Grever, don Emilio Azcárraga invitó a María Grever para que

---

[47] de Parodi 168.
[48] de Parodi 127.
[49] de Parodi 76.
[50] de Parodi 174.
[51] de Parodi.
[52] de Parodi 199.

participara durante dos o tres semanas en unos programas de radio en la capital de México. [53]

En Nueva York, al terminar su contrato con la NBC, el Dr. Ortiz Tirado regresó a México y preparó varias giras artísticas por toda Latinoamérica con el fin de recaudar fondos para la construcción de su clínica. Recibió invitaciones y contratos para presentarse en La Habana, Cuba, Guatemala, El Salvador, Costa Rica, Venezuela, Colombia, Uruguay, Chile, Perú, Bolivia, Nicaragua, Paraguay, Brasil y Argentina. No sólo el público en los teatros y en las estaciones de radio lo recibía con mucho cariño sino también "los cuerpos médicos de las ciudades y países que recorría me abrían los brazos y me brindaban su afecto," recuerda Ortiz Tirado. [54] De sus giras por los países de las Américas nació el nombre artístico que le dio el locutor Alonso Sordo Noriega--"Embajador lírico de la canción mexicana"--pues "llevó a los países hermanos la música y la canción nuestras." [55]

En Buenos Aires, como pronto se dio cuenta Ortiz Tirado, había un público sumamente exigente. Lo supo conquistar al segundo concierto según narra en su diario. Dice Ortiz Tirado en su <u>Diario de viaje de Alfonso Ortiz Tirado,</u> incluido en el libro de Enriqueta de Parodi, que acompañado de la orquesta "Canté . . . las canciones de tipo español del músico poeta Agustín Lara: "Granada," "Sevilla," "Murcia." [Después] "Canté canciones de María Grever, de Esparza Oteo, de Jorge del Moral, de Curiel y de Guty Cárdenas y el auditorio me aplaudía y pedía más canciones . . . " [56] Continúa narrando Ortiz Tirado que "las crónicas periodísticas al día siguiente fueron amplias y halagadoras: ' El alma de la canción Latino Americana está con nosotros', ' El Gardel mexicano ha llegado a Buenos Aires' " rezaban los encabezados de algunas crónicas. [57]

Entre los sucesos interesantes que se encuentran en el <u>Diario</u> de Ortiz Tirado, sobresale uno que muestra el efecto terapéutico que la música de María Grever y la voz de Ortiz Tirado pueden producir en el oyente. El episodio triste tuvo lugar durante una gira artística a Costa Rica. El Dr. Ortiz Tirado narra lo siguiente:

> Invitado por el cuerpo médico de la ciudad capital, visité, entre
> otros sitios, el manicomio que en las cercanías de San José es

---

53 Entrevista con Carlos Grever, 8-11-86.
54 de Parodi 113.
55 de Parodi 112.
56 de Parodi 132.
57 de Parodi 133.

conocido como Asilo Chapui, . . . al penetrar a los corredores me pareció oír música fonográfica; y lo que es más: reconocí mi voz en la canción que se escuchaba.

Mis acompañantes se dieron cuenta de mi extrañeza y curiosidad, pues era para mí inexplicable escuchar mis canciones en un manicomio . . .

--Doctor--dijo uno de los médicos--, . . . debe causarle gran satisfacción saber que sus canciones ejercen una influencia sedante, de beneficios admirables, entre las asiladas.

Seguimos caminando y me llevaron a una sala donde estaban algunas dementes furiosas. . . . [había] una mujer joven, de unos 20 a 22 años que presentaba los síntomas de locura en su actitud y gestos, porque a pesar de que tenía la camisa de fuerza, resultaba a la enfermera difícil sujetarla.

. . la enfermera le dijo algo en voz muy baja a la enferma, quien comenzó a cantar la canción de María Grever, "Te quiero, dijiste," y a la medida que las notas de la canción se desgranaban en aquel triste silencio, el rostro de la enferma se iba serenando, aquietando sus movimientos bruscos, hasta quedar en su mirada una expresión de paz que resultaba trágica por la circunstancia de verla con la camisa de fuerza.[58]

Admite Ortiz Tirado que en ese momento no pudo cantar por hacérsele nudo la garganta, pero después les cantó a las enfermas el "Caminante del Mayab" de Guty Cárdenas.

Según anotado en el libro de Enriqueta de Parodi, "cientos de escenas iguales se repetían día a día mientras el doctor Alfonso Ortiz Tirado estuvo al frente del Hospital de la Mujer," [59] un hospital estatal de maternidad en la Ciudad de México. Según narra Jesús Villavivencio, mozo en el hospital desde 1921, al llegar el Dr. Ortiz Tirado de Nueva York y "después de ir a su casa, llegó con una marimba al hospital y empezó a cantar alrededor de una docena de canciones." Agrega que el recuerdo del Dr. Ortiz Tirado "quedará imborrable para los mozos, enfermeras y mujeres que lo conocieron y simplemente lo califican así: ' fue un hombre con alma.' " [60]

La clínica soñada del Dr. Ortiz Tirado "para combatir el dolor humano" se hizo realidad en la Ciudad de México en 1937 al colocar por fin la primera

---

[58] de Parodi 115.
[59] de Parodi 187.
[60] de Parodi.

piedra. Escogió el 10 de mayo, Día de la Madre, y a su madre, doña Luisa Tirado de Ortiz para este acto. Las palabras del Dr. Ortiz Tirado para esta ceremonia son significativas porque da a conocer que por medio de las canciones y giras artísticas le fue posible reunir los fondos para la construcción de su clínica:

> Esta ceremonia la voy a dedicar a mi madre y ella será la que coloque la primera mezcla que servirá de cimiento a esa primera piedra. En la piedra . . . ha sido colocado un rollo que está formado con las canciones que me han producido el dinero necesario para edificar este templo de la ciencia, para combatir el dolor humano, y que espero quede como recuerdo modesto de mi paso por la vida. [61]

La "Clínica Alfonso Ortiz Tirado" se inauguró el 23 de mayo de 1938. En el interior del edificio colocó una placa en la que agradece a las distintas radiodifusoras y a los diversos públicos de los diferentes países que asistieron a sus programas dándole así los medios para edificar la clínica.

La placa reza:

> MI GRATITUD A MEXICO
> XEW. XEWW. México, D.F. LR4 Radio Splendid. Buenos Aires. PRG. 2 Radio Tupi-Brasil. CMQ. Habana, Cuba. NBC. New York. Elevé con mi CANTO este templo para alivio del DOLOR. Dr. Alfonso Ortiz Tirado. México, D.F. Mayo 23, 1938. Argentina, Brasil, Cuba, Colombia, Costa Rica, Estados Unidos, Salvador, Uruguay, Venezuela. [62]

Agrega de Parodi que la mayor preocupación del Dr. Ortiz Tirado "fue la de ayudar a quienes necesitando de los servicios de su clínica, no tenían dinero para pagar. Ayudar al que no tiene fue su lema y lo llevó a cabo siempre." [63]

El Dr. Ortiz Tirado murió en la Ciudad de México el 7 de septiembre de 1960 a la edad de 67 años. Las crónicas se expresaron con tristeza y cariño al recordar su noble carrera médica y artística que enorgulleció a México. En una de las crónicas José Luis Durán de Cine Mundial, terminó su artículo con las siguientes palabras, "El Dr. Ortiz Tirado es pilar de los mercados centro y sudamericanos que tiene México para sus canciones: Juanito Arvizu, Pedro

---

[61] de Parodi 163.
[62] de Parodi 164.
[63] de Parodi.

Vargas y María Grever son los otros tres de la cuarteta que enorgullece a México." [64] Desgraciadamente, María Grever ya había muerto para esa fecha.

---

[64] de Parodi. 200.

III. LAS DÉCADAS DE 1930 y 1940

Las actividades profesionales de María Grever aumentan durante las décadas de 1930 y 1940: organiza giras artísticas para el Caribe y México, es entrevistada en varios países, publica sus canciones, prepara veladas y presenta programas y cortas obras teatrales en teatros de Nueva York. Una graciosa canción suya, "Tipitín", sale en el primer lugar del Hit Parade y, como magia, su nombre se populariza aún más de la noche a la mañana abriéndole las puertas a distintas oportunidades en el mundo de la música. De esta, su tercera etapa, son los discos que se grabaron con excelentes orquestas y cantantes.

De la década de 1930 son las canciones "Alma mía" publicada en 1931 por Peer International Corporation de Nueva York y "Cuando me vaya" publicada en 1932 también por Peer International. "Cuando vuelva a tu lado" publicada en 1934 por Edward B. Marks Music Corporation se tradujo al inglés por Stanley Adams con el título "What A Difference A Day Made." En inglés se hizo famosa principalmente por las grabaciones de Frank Sinatra y de Bing Crosby.

Respecto al triunfo musical de "Cuando vuelva a tu lado", Catalina D'Erzell en su artículo, "Digo yo como mujer", no sólo expresa admiración por la bella música de esa nueva composición de la compositora mexicana sino principalmente siente orgullo de saber que el trabajo de la compositora pone en alto el nombre de México en el extranjero. D'Erzell dice que después del triunfo de "Júrame", de "A una ola" . . . el nuevo triunfo de "Cuando vuelva a tu lado" envuelve por segunda vez el pendón de su tierra en una melodía."[1] D'Erzell recuerda cuando María Grever "dijo en una ocasión, después de entonar "Júrame" para un grupo de amigos, '¡Mi juramento es que México siempre vaya arriba!' Y por lo que ahora sabemos, María Grever, buena mexicana, esforzada y artista, cumple bien su juramento."[2]

Emilio Tuero, el "Barítono de Argel," se presentó en un conocido programa "La Hora Azul" en XEW de la Ciudad de México a fines de 1932, según Juan S. Garrido.[3] Puso en moda las canciones de varios compositores y entre ellos, la canción "Cuando me vaya" de María Grever.

---

[1] Catalina D'Erzell, "Digo yo como mujer. . . México Triunfa en New York," Excélsior 30 junio 1934: 3.

[2] D'Erzell.

[3] Juan S. Garrido, Historia de la música popular en México (México: Editorial Extemporáneos, S. A., 1974) 181.

En 1935 la compositora publicó "Háblame de tu amor" y también compuso una opereta, "Akukí". Se ha extraviado el manuscrito de "Akukí", al parecer, y sólo queda una hoja suelta de esa música. Carlos Grever conserva un cuadro presentado a María Grever por el elenco artístico de "Akukí" y firmado por los miembros de la compañía. El cree que se lo obsequiaron a María Grever al terminar la opereta. El cuadro tiene fecha del 5 de septiembre de 1935 y contiene treinta firmas y varios mensajes de los artistas. Uno de ellos dice:

> To María Grever, the most capable and talented composer I have ever met. May we meet again in "Oriental Paradise" that doesn't make you work so hard!
>
> James A. Fitzpatrick
> New York City
> September 5, 1935 [4]

Carlos Grever indica que Fitzpatrick viajaba al Japón y hacía documentales. Es importante notar la observación de Fitzpatrick acerca del trabajo arduo de María Grever. En ningún artículo, nadie--ni María Grever--hace mención de lo mucho que trabajó ella para salir adelante en su carrera. Es obvio, sin embargo, por su vasta producción artística, que fue una mujer dinámica y que tras su carácter afable y alegre estaba su labor continua. Agrega Carlos Grever: "G. Schirmer, Robbins, etc., aceptaban su música, pero costaba trabajo; tenía que trabajar muy duro. Estaba compitiendo con Cole Porter . . . " [5] Otro cantante de "Akukí" escribe: "To María Grever, with my love. The only one in the world who could do it." Otro actor dice: "To María Grever, a very clever, talented and likeable lady who oozes melody and music with a most beautiful opera," Freddie Franklein. Akukí 1. Desafortunadamente, no existe reseña de esta opereta de María Grever.

En 1936, María Grever emprendió giras artísticas a diversos países del Caribe donde permaneció varios meses. En el archivo Grever hay varias entrevistas y trozos de artículos que hablan de sus recitales en San Juan, Puerto Rico, en Ciudad Trujillo, Santo Domingo y San Pedro de Macorís en la República Dominicana y en La Habana, Cuba. El público siempre la recibió con gran cariño y admiración pues conocían sus composiciones por los recitales del Dr. Ortiz Tirado en 1931 y por las radiodifusiones. En esta gira, llegó primero a San Juan, Puerto Rico donde presentó unos recitales en el Teatro Municipal en febrero de 1936 acompañada de la orquesta dirigida por Augusto Rodríguez. Se han perdido estos programas pero la reseña indica que varios

---

4 Archivo de Carlos Grever, San Antonio, Texas.
5 Carlos Grever, entrevista, 8-11-86.

poetas recitaron sus poesías, cantó un coro y la orquesta tocó algunos preludios antes de la presentación de María Grever. El siguiente artículo de la colección es una entrevista de La Opinión de Ciudad Trujillo. En ella se notan varios detalles interesantes. El periodista le pregunta:

--¿Nació Ud. en Méjico?--le preguntamos recordando que hay quien asegura que es española.

--Sí; ¡mejicana! Muy mejicana. Nací en el Mar de Méjico.

--. . . ?

--Sí. Fue en un viaje al comenzar el camino hacía España. Mi padre era español; quería una hija española y quizo llevarme a nacer en su patria, pero yo protesté y nací en el Golfo de Méjico! [6]

Habla también de sus canciones al preguntarle el periodista:

--Cuántas canciones ha escrito?

--450.

--¿Todas en español?

--No; escribí ocho en inglés; . . .

--¿Cuál es su canción más popular?

--Muchas: "Júrame", "Lamento gitano", "Cuando vuelva a tu lado".

--¿Y la que más dinero le ha dado?

--"Cuando vuelva a tu lado". Aunque todas me han dado . . . no puedo quejarme. [7]

Se le pregunta si "¿Ha dirigido muchos artistas?" María Grever contesta: "Sí, mientras ensayaban para interpretar mi música: a Mojica, Nino Martínez, Lawrence Tibett, Pulido, Jessica Dragonette, Martinelli, Rosario Orellana . . . "[8] La siguiente pregunta es importante porque muestra el interés que tenía el público sobre el trabajo de María Grever en el nuevo medio cinematográfico que recién había comenzado en Hollywood. La pregunta del periodista fue:

--¿En cuántas películas han tomado parte sus canciones?

--Estuve dos años en la Paramount y dos en la Fox. Casi todas las películas de Mojica están adornadas con mi música. Ultimamente escribí las melodías de "Paraíso Oriental", aún sin estrenar y en tecnicolor. [9]

---

[6] Entrevistas del "Listin," "María Grever, nuestra señora de la inspiración latina" La Opinión 14 marzo 1936: 2.

[7] Entrevistas del "Listin".

[8] Entrevistas del "Listin".

[9] Entrevistas del "Listin".

La reseña, "Arte musical", del 15 de marzo, 1936 de Santo Domingo, elogia la obra de María Grever y recuerda la primera vez que se presentó en el antiguo Teatro Colón en 1929 y que escucharon "A una ola." Señala que han escuchado al Dr. Ortiz Tirado en "Lamento gitano", "Júrame", "Tú, tú y tú" por radio, en discos y en conciertos en la República Dominicana así como también escuchan a Tito Guizar y a Jessica Dragonette cantando por radio las composiciones de María Grever. La reseña agrega que

> La Grever es, sin rodeos, algo de lo más genial que tenemos
> Latinoamérica. Es sin dudas una de las estrellas más firmes . . .
> Ella, junto con [Miguel] Lerdo de Tejada, [Alfonso] Esparza Oteo,
> Tata Nacho, [Ernesto] Lecuona, . . . forma un profundo hilván de
> musicalidad indo-latina. Su estilo propio, único, personalísimo,
> jamás ha sido imitado en la línea melódica de esta mujer admirable
> que ha sabido abrirse paso entre toda una pléyade de aspirantes...[10]

En un trozo de artículo de Ciudad Trujillo, República Dominicana del archivo Grever se encuentra la siguiente entrevista y la curiosa respuesta de la compositora. El periodista le pregunta, "Señora, las canciones mexicanas, las canciones típicas, enmarcan dentro de su opinión favorable?" y María Grever contesta:

> Pues no comprendo cuál es la virtud fundamental de algunas
> canciones llamadas "mexicanas". Alguien me decía en Nueva
> York, refiriéndose a una canción que dice: "las mordidas de mi
> charro son dulces", etc., etc., ¿por qué no compone usted una
> canción de mordida? Pues mire usted,--le contesté,--a los
> mexicanos no nos ha pegado la rabia . . .[11]

El periodista continúa la pregunta y la respuesta de la compositora nos da una clave a su idea de lo que la canción mexicana debería inspirar. A la pregunta "Entonces cree usted . . .", la compositora responde:

> Que es necesario depurar en lo absoluto la canción mexicana. El
> paisaje, el trasunto de nuestra propia vida, el ambiente típico sin
> ridículas estilizaciones. Nuestro folklore tiene el campo ilimitado
> para una obra trascendental de la canción mexicana, pero en una
> forma decente, que eduque, inspire y realice su noble propósito de
> elevar los sentimientos. [12]

---

10 "Arte Musical," La Opinión 15 marzo 1936.
11 Archivo Grever, recorte de periódico, Ciudad Trujillo, Rep. Dominicana, 16 de marzo 1936. Debido a los años, el papel se ha desgastado y el título se ha roto.
12 Archivo Grever, Periódico Ciudad Trujillo, 3-16-36.

En seguida, con la facilidad de palabra que era característico de ella, la compositora relata un suceso en Carnegie Hall de Nueva York que había ocurrido años antes. Aquí se nota el orgullo de ser mexicana aún estando en un país extranjero al expresar ante el público su amor a la patria que no olvidaba. Sabe que pronto estará en México y dice:

> México ya está cerca de mí. Todo mi pequeño mundo interior, mis emociones, mi corazón, todo vibra al conjuro maravilloso de una palabra tantas veces sentida y adorada: México. Una noche, una "noche mexicana" que tuvo lugar en el Carnegie Hall de Nueva York, les canté algunas de mis primeras composiciones. Alguien gritó un "viva México" prolongado y vibrante. La concurrencia quiso callar al paisano. Entonces, avancé al proscenio, ordené un instante de silencio a la orquesta y pronuncié éstas palabras: "vamos a gritar todos de pie un viva México--o de lo contrario no sigo el concierto." Aquella multitud, hecha un solo hombre, gritó emocionada un sonoro "viva" a la patria. [13]

Otros recortes en el archivo Grever indican que la compositora presentó conciertos en San Pedro de Macorís los días 20 y 21 de marzo y en Santiago de los Caballeros. Los recortes hablan del cariño y entusiasmo del público en esas ciudades. De allí, regresó a San Juan, Puerto Rico a cumplir con otros conciertos y permaneció cuatro meses. En una larga entrevista con Martha Lomar en San Juan, María Grever recuerda con cariño la amabilidad y el encanto de la gente dominicana y el hechizo de sus ciudades antiguas. La periodista le hace preguntas acerca de su vida y obra en general. María Grever rara vez se expresa negativamente y aquí su respuesta es reveladora aunque se expresa con cautela. Martha Lomar reflexiona, pregunta y la compositora responde:

> Y una pregunta muy humana sube a mis labios, ya que la experiencia dice que entre las flores que el artista coge a su paso siempre hay abrojos, y a veces hasta una víbora . . .
> --Y . . . ¿todo fue rosas y aplausos?
> --Martita . . . --me dice filosóficamente--, el camino del Arte no se puede andar sin que te ladre alguna vez un perro, como le ladran éstos a la luna . . .[14]

---

13 Archivo Grever. 3-16-36.
14 Martha Lomar, "El embrujo dominicano. Tête à tête con María Grever," El Mundo 12 abril 1936.

En seguida, con su característico optimismo o idealismo, continúa hablando de sus versos y de su obra. Le pregunta Lomar, "¿Y la inagotable inspiración? ¿Ha hecho algo nuevo?" María Grever responde, "Pues sí, muchas cosas. ¿Qué te parecen estos versos?" e inmediatamente le recita su nueva poesía y dice, "Les he puesto una música muy linda. Ya la oirás por radio, la cantaré desde Nueva York y vendrá como una caricia para todos ustedes . . . " [15]

Después de Puerto Rico, continuó su gira "a Cuba, donde he estado 18 veces."[16] Estuvo de visita en México y regresó a Nueva York.

En 1938 María Grever publicó tres canciones: la hermosa canción "Celo tropical" publicada por G. Schirmer, "El charro" publicada por Leo Feist, Inc. de Nueva York y la canción-vals "Tipitín" también publicada por Leo Feist.

Recuerda Carlos Grever:

> Escribió 'Tipitín' y se la llevó a las casas editoriales. Todas la rechazaron. Entonces, ella misma la publicó. Ella tenía mucha fe en sí misma. Después, conoció a Horace Heidt. El tenía una orquesta que tocaba para tés, recepciones, etc., Escuchó "Tipitín", le gustó y la grabó. Tocó "Tipitín" en su programa de radio "Horace Heidt" ¡y fue un "hit" inmediato! Fue un "hit" internacional. Entonces, la vida para ella se hizo más fácil, o poco más fácil. Muchos querían emprender un negocio de casas editoriales con ella. Se formó María Grever Corporation y publicaron "Make Love With A Guitar." [17]

Un artículo de Washington, D. C. en el archivo de Carlos Grever sin fecha pero que posiblemente date de julio, 1938 habla del éxito de "Tipitín". El periodista entrevista a María Grever que estaba visitando a su amiga, Eva Whitford Lovette, Presidenta del D.C. Federation of Music Clubs. María Grever recuerda que aunque las casas editoriales le rechazaron "Tipitín", ella presentía el éxito de la canción y tenía mucha fe en su trabajo: "I had such strong faith in this song, but the publishers thought I was crazy. I have been 20 years . . . before an audience and as a sensitive artist, I feel the vibrations of the public. I knew this song will be a success. So I published it myself."[18] Desde su éxito en el "Horace Heidt Show", "Tipitín" se vendió como pan caliente, dice el artículo: "The song made its instantaneous success on a Heidt

---

15 Lomar.
16 Entrevistas "Listin," 2.
17 Carlos Grever, entrevista, 8-11-86.
18 "Vibrations Told Composer Her Song Craze, ' Tipitin ' Would be a Popular Hit" Washington, D.C., 1938. Artículo de periódico en los Archivos Grever.

broadcast. Written three months ago, it has been selling like hot cakes for the past six weeks and 400,000 copies have been published to date." [19]

El mismo artículo aclara que "Tipitín" nació estando María Grever enferma: "It was while she was sick last December that "Tipitín" was born." El curioso relato de cómo nació la canción lo cuenta María Grever así:

> I was very ill. I told the doctor I was tippin'. I thought that would make a good name for a song and then I fainted.
>
> "Ti-pi" means like pitter-patter, the strum of a guitar. I put on the ' tín ' for rhythm. I created the word. It's just a teasing, happy song. The world is so upset I want to send it happy messages in my songs. [20]

Otros artículos de Nueva York hablan de Horace Heidt que 'descubrió' "Tipitín" y admiran la canción que se mantiene en primer lugar: "Horace Heidt who discovered "Tipitín" ; "Tipitín" has been the No. 1 hit in the Hit Parade." María Grever tenía 53 años de edad para esa fecha.

En el archivo de la NBC en Nueva York se encuentra la transcripción del programa que habla de la sensación que ha causado "Tipitín" y anuncia que María Grever será invitada al programa de radio de Horace Heidt el 29 de marzo. Dice lo siguiente:

> Madame María Grever, composer of the suddenly sensational song hit, "Ti-pi-tín," will be a guest on the program of Horace Heidt's Brigadiers over the NBC-Blue Network Tuesday, March 29, at 9:00 p.m., EST. She will tell Heidt, who introduced the song on the air, how it feels to be the composer of a song sensation. Since Heidt's orchestra first broadcast the song a few weeks ago, "Ti-pi-tín" has become one of the most frequently played songs in the United States. In the course of the program on March 29, the orchestra will play "Ti-pi-tín." [21]

La Colección de Radio de la NBC que está en la Biblioteca del Congreso en Washington, D.C. tiene anotada la siguiente información. María Grever fue invitada y asistió como huésped en estos programas: "Horace Heidt and His Brigadiers," 29 de marzo, 1938; "Energine Newsreel," 3 de abril, 1938; "Believe It or Not," 24 de mayo, 1938 y "Woman of Tomorrow," primero de marzo, 1939. [22] Las transcripciones de esos programas ya no existen.

---

19 "Vibrations . . . "
20 "Vibrations . . . "
21 NBC Music Research Files, March: 1938, The New York Public Library, Music Division
22 Edwin M. Matthias, Librarian, NBC Radio Collection Index, The Library of Congress, Washington, D.C., carta a la autora, 13 de febrero, 1989.

Aunque María Grever estaba feliz de que su canción obtuviera el primer lugar en el Hit Parade de los Estados Unidos, en una entrevista de 1938 con Enriqueta de Parodi en México, D.F. admite observar ese éxito con cierta sorpresa después de haber escrito "Júrame", "Te quiero, dijiste" , "Alma mía", etc. De Parodi dice:

> El triunfo que acababa de conquistar en los Estados Unidos, lo había logrado con lo que ella menos pensó que tuviera éxito: "Tipitín". Una melodía agradable que se pegaba, válgase la frase, con asombrosa facilidad.
>
> --¿Te causó mucha alegría saber tu triunfo? --le pregunté.
>
> --Más que alegría, me causó sorpresa.   Imagínate, después de "Júrame" , de "Te quiero, dijiste" y "Alma mía" ir a ganar un premio de tanta importancia con "Tipitín". . . [23]

Sea como sea, México recibió nuevamente a la compositora y a la canción con gran entusiasmo y cariño. Se nota un orgullo y admiración entre las mujeres profesionales mexicanas de esa época al reconocer el valor de la obra de María Grever.   Enriqueta de Parodi narra el entusiasmo por entrevistar a la compositora para una revista femenina. El año es1938:

> Colaboraba yo en la revista El Hogar, fundada y dirigida por esa gran mujer que es Emilia Enríquez de Rivera. Una mañana, al llegar a la redacción, me dijo Emilia:
>
> --Te ruego que no te vayas, pues estoy esperando la visita de la gran compositora mexicana María Grever que llega de los Estados Unidos después de haber ganado un premio muy valioso. Quiero que la conozcas y la entrevistes para El Hogar y, además, que me ayudes a prepararle el homenaje que merece de parte de nosotras, las mujeres.[24]

Recuerda de Parodi la personalidad de María Grever de esta manera:

> la gran simpatía que emanaba de ella; su personalidad, su gracia natural. Era una gran conversadora y sabía atraerse amistades.

> Ya entonces estaba enferma la gran compositora. Sus piernas, afectadas por una enfermedad, frenaban su inquietud, su anhelo de movimiento, pero su gracia, su sonrisa, su gran simpatía hacía

---

[23] Enriqueta de Parodi, Alfonso Ortiz Tirado. Su vida en la ciencia . . . , 78.
[24] de Parodi 77.

que uno se olvidara de todo lo que no fuera su bello mundo interior . [25]

En 1939 compuso "Mi tesoro" publicada por su compañía, María Grever Corporation en Nueva York.   También posiblemente de ese año sea la partitura de la opereta, "Cantarito", con letra y música en español de María Grever que se encuentra en los archivos Grever Internacional en México, D. F.   El manuscrito no tiene fecha de publicación pero por una reseña del New York Times de marzo,1939 que habla de su nueva ópera en miniatura ("her new opera in miniature, "El Cantarito" [26]) es probable que la obra date de ese año. El programa tuvo lugar en el Guild Theatre el 5 de marzo.   La reseña comenta que María Grever lo organizó con varias de sus canciones, muchas de las cuales han tenido éxito en España, América del Sur y México ("many of which have had a great vogue in Spain, South America and her native land" [27]) .   Sin dar los títulos de las canciones, la reseña indica que María Grever cantó algunos números y en seguida cantaron las sopranos Zona Hall, Sylvia Miller, Graziella Parraga, el tenor Sergei Radamsky y el barítono Ralph Magelssen.

"Cantarito" se presentó al final del programa.   El elenco artístico incluía a Dorothy Miller, Brooks Dunbar, John Miller y Ralph Magelssen.   La obra teatral fue dirigida por Frederick Bethel.   Participó un coro grande y un grupo de jóvenes bailarines encabezado por Lola Bravo.   La orquesta estuvo bajo la dirección de Josef Stopak. [28]   La reseña concluye con una observación acerca del don innato de María Grever para crear una melodía espontánea y para manejar con facilidad ritmos típicamente iberos: "In all of the compositions heard, Miss Grever's innate gift of spontaneous melody disclosed itself as well as her facility in handling typical Iberian rhythms. [29]   Agrega la reseña que en el numeroso público había conocidos músicos y cantantes entre los cuales estaban Jessica Dragonette, Margarita Sylva y Horace Heidt.   Al parecer, según los archivos Grever, ésta fue la segunda opereta de María Grever después de "Akukí".

Del año 1940 son las canciones "Chiquitita mía", "Mulita", "Make Love With A Guitar" publicadas por María Grever Corporation.   Las reseñas de La Prensa de Nueva York indican que María Grever organizó y presentó un programa con el título "La Juventud de las Américas Canta" en el Hotel Barbizon Plaza en 1940.   El programa estuvo dividido en tres partes.   En las

25 de Parodi.
26 "1939 María Grever's Works Sung," New York Times 6 March 1939: 13. Review.
27 "1939 María Grever's Works Sung," review.
28 "1939 María Grever's Works . . . "
29 "1939 María Grever's Works . . . "

primeras dos partes bajo el título "Ayer y hoy" se presentaron canciones de María Grever. Los cantantes eran norteamericanos y la compositora les enseñó a cantar sus canciones en español. La reseña indica que lo hicieron muy bien. En la tercera parte del programa se presentó una nueva obra, "Mi México" que, según la reseña, "es un juguete musical que contiene escenas mexicanas y que puede muy bien calificarse de opereta en miniatura." [30] Indudablemente "Mi México" incluía otras canciones nuevas pero "Mulita" parece ser la única que se encuentra en el Archivo Grever. "Mi México" comienza durante "la temporada de San Juan, cuando una mulita era llevada al río para bañarla y ésta no quería caminar. . . el diálogo sigue con otra persona tratando de razonar con el dueño para que trate bien a la mula." Diversas escenas siguen, "todo intercalado con canciones de México." [31] Los actores lucían trajes típicos mexicanos. La reseña del siguiente día indica que el programa fue del gusto del público. Habla de "la poesía fina que irradian sus canciones y el aroma musical. . . " [32] Entre el público asistente estaban presentes los Cónsules Miguel Espinós de España, Pablo Suárez de Cuba, el Cónsul General de México Rafael de la Colina y la señora Margarita R. de Avila Camacho a quien María Grever le dedicó "Mi México."

El 7 de marzo y el 5 de abril de1940 María Grever volvió a grabar tres discos en Nueva York para la Casa Víctor según información de los archivos de The Hispanic Society of America de Nueva York. [33] Cada disco contiene sólo una canción de cada lado. Con el Trío Américas Unidas, María Grever cantó "Bonita", "Amor Tropical"; "Noche de amor", "Music from the Moon"; "Canta y canta", "Ay, mulita".

En 1941 María Grever publicó siete canciones. "Volveré", "Mi canción", "Acapulco" las publicó con Robbins International Corporation; "Our Song. Mi canción", "Cariñito", "Montecito. En la senda de mis sueños" y "Mood of The Moment" con De La Portilla Publications. También en 1941 María Grever y Raymond Leveen escribieron la letra y música para la obra musical en dos actos, <u>Viva O'Brien!</u> , que se presentó en el Majestic Theatre de Broadway en Nueva York. Se ha perdido el manuscrito. Se supone que toda la obra fue en inglés porque el crítico Brooks Atkinson no dice nada de lo

---

[30] "María Grever presentará la crema de sus éxitos musicales la noche del 16," La Prensa 14 abril 1940.

[31] "María Grever presentará . . . "

[32] "El recital de sus melodías musicales. Le tituló "La juventud de las Américas canta," La Prensa 17 abril 1940.

[33] Theodore S. Beardsley, Jr., Director, The Hispanic Society of America, New York, carta a la autora, 4 enero 1989.

contrario. La reseña da la siguiente información: el libreto fue de William K. y Eleanor Wells; la coreografía de Chester Hale; el vestuario John N. Booth, Jr.; el decorado Clark Robinson, dirección Robert Milton; producción John J. Hickey, Chester Hale y Clark Robinson. [34] La compañía artística consistía de 28 cantantes. La producción de la comedia musical costó $80,000, costo que, además de incluir todo el montaje usual de una comedia musical, incluía también una alberca de nueve pies de profundidad en el escenario. La trama fue la siguiente, según la reseña. Los personajes parten de Miami a México y de allí salen para Yucatán en busca de una piedra sagrada en la selva maya. Allí toman lugar danzas rituales y un número grande de danza con una cascada grande en el escenario. En la reseña del día siguiente, Brooks Atkinson criticó la producción severamente señalando que el defecto principal fue el libreto. Dice que la trama, el diálogo, los chistes y las ideas de producción eran imitación trillada de obras teatrales de años pasados. Aclara que el vestuario estaba bien hecho y que ocasionalmente la música estaba bien, particularmente cuando María Grever, "la compositora de "Tipitín," escribe los convencionales ritmos hispanoamericanos," ("particularly when María Grever, composer of "Tipitín" is writing the conventional rhythm of Spanish-American music" [35]). Atkinson nota que el Final con los clavados estuvo bien ("pleasant" [36]) El crítico continúa señalando que producciones teatrales de esta magnitud representan mucho trabajo y muchas esperanzas por parte de la compañía. Pero, opina que aunque los actores pusieron todo de su parte--trabajo, buen esfuerzo y sonrisas durante la actuación--no podían transformar un mal libreto y una producción musical trillada en una obra divertida. [37] La obra terminó después de 20 funciones. [38]

En 1942 De La Portilla Publications publicó tres canciones: "Cúbreme con tu sarape," "Cuando vuelvan las campanas de Armisticio" con el título en inglés "When The Bells of Britain Ring Again Each Sunday," "¿Para qué recordar?" con el título en inglés "A Star Broke Into Song." Robbins International publicó dos canciones: "Si nuestro amor" y "Tú te llevaste".

El archivo de música de la NBC de las décadas de1920, 1930 y 1940 se encuentra en la biblioteca pública de Nueva York, The New York Public Library. El archivo no está completo, desgraciadamente. Se perdió mucha

34 Brooks Atkinson, reseña de Viva O'Brien! , The New York Times Theater Reviews 17 Oct 1941: n. p.
35 Brooks Atkinson, reseña.
36 Atkinson.
37 Atkinson.
38 Atkinson.

información de los años pasados y sólo guardan trozos y fragmentos de algunos pocos programas de esos años, según explica la biblioteca. Con respecto al folio de María Grever, se encuentran trece trozos y fragmentos de transcripciones de programas de radio. Algunos con fechas, otros sin fechas ni nombres de los cantantes. Datan de los años 1934 hasta 1942. Aunque fragmentaria, esta información es importante porque es otra muestra de la actividad musical profesional de la compositora. La primera transcripción, en inglés, tiene fecha del 22 de septiembre, 1934. El locutor anuncia la canción "Chamaca mía" y dice: "This is a gay, jolly number by Maria Grever who enjoys an enviable international reputation as a Mexican song writer and who is now visiting in New York." [39] El anunciador comenta que María Grever explicó que su inspiración para esta canción nació estando en Xochimilco. El cantante es un Sr. Mercado y el anunciador le pide al público que mientras escuche la canción visualice la escena con la joven vendiendo flores. La siguiente canción del programa es "Cuando vuelva a tu lado" cantada por el barítono Alejandro Rosas. El anunciador dice: "This is Maria Grever's latest love inspiration and is sung by a handsome Mexican baritone." [40]

La siguiente transcripción en inglés es del 6 de octubre de 1934. El locutor anuncia "Andalucía" y dice: "The music and lyrics are by Maria Grever, one of Mexico's most beloved contemporary composers and well known to us here in the United States through her songs." [41] La fecha del fragmento que sigue es solamente "1936". El anunciador dice: "Arabian Nights" is a recent song composed in 1936 based on the Aladdin's Lamp episode. . . . " El 11 de junio, 1937 se cantó "Te quiero, dijiste". El anunciador dice: "A love song by one of Mexico's outstanding composers, María Grever" y lo repite al terminar la canción.

El folio que sigue tiene la canción gitana de María Grever, "Cacho de cielo" de tema andaluz pero sin fecha. El 18 de marzo de 1941 el trozo indica que se cantó "Altiva" de María Grever pero no da el nombre del cantante. Otro folio sin fecha tiene la canción completa "Yo no sé" y el anuncio del locutor: "A colorful serenade from Spain, the romantic melody "Yo no sé" by Maria Grever." La transcripción en el folio del 16 de abril de 1941 dice lo siguiente en inglés acerca de la compositora:

---

[39] NBC Music Research Files, María Grever. The New York Public Library, September 22, 1934.
[40] NBC Music Research Files, María Grever . . . 9-22-34.
[41] NBC Music Research Files, María Grever . . . 10-6-34.

María Grever is one of the best-known composers living today who was born and brought up in Mexico. The only other Mexican composer of equal repute is Carlos Chavez, who has been the guest conductor of the Boston Symphony and other leading orchestras of this country. Unlike Chavez, Maria Grever has settled in this country and considers New York City her second home. Practically all her compositions are songs, many of which are Mexican or Spanish tango melodies. [42]

La hoja siguiente con fecha del 2 de junio de 1942 elogia a la compositora y termina anunciando "One of the sensuously rhythmic Latin-American Tangos she does so well. "Júrame" is one of her more popular of her many fine songs. This is by Mexico's talented song composer, María Grever." [43] La hoja no indica quién es el/la cantante. La última hoja del archivo contiene el siguiente trozo:

A song from the pen of Latin-America's favorite lyric composer, Maria Grever. Mme. Grever has composed more than 500 songs, many of them of such outstanding popularity as "Hasta la vista," "Chiquitita mía" and "Ti-pi-tín." Tonight Miss Otero sings for us Maria Grever's "Alma mía." [44]

Durante el siguiente año, 1943, compuso la fina canción "¿De dónde?" publicada por Golden Sands Production y la graciosa "Ese Lero, Lero, Lero del Brasil" (en inglés: "Lero, Lero From Brazil") publicada por De La Portilla Publications.

Método: "Aprenda Ud. español por medio de la música"

Como se ha venido observando, en varios de sus programas en Nueva York algunos cantantes norteamericanos han interpretado en español sus canciones. Aunque este hecho no tenga nada de particular puesto que los cantantes pueden, con estudio, cantar en varios idiomas, María Grever aclara en una entrevista que ella misma compuso un método para enseñar a los cantantes la correcta pronunciación del español. En 1943 dice tener 144 cantantes norteamericanos que están terminando sus estudios de dicción. Explica cómo al principio de su carrera, ella se fue fijando que el público norteamericano sabía sentir su música sin entender el español y pensó enseñar a los cantantes norteamericanos el español por medio de la música para que pudieran cantar composiciones en

---

42 NBC Music Research Files, María Grever . . . 4-16-41.
43 NBC Music Research Files, María Grever . . . 6-2-42.
44 NBC Music Research Files, María Grever . . . 6-30-42.

español. No encontré manuscritos de su método; únicamente encontré la entrevista de 1943 donde María Grever dice lo siguiente acerca de este proyecto:

> Desde hace dos años he venido cristalizando un viejo proyecto. Cuando yo lancé mis primeras canciones, pude observar que el público de Estados Unidos, sin conocer la letra, sabía sentirlas. Esto me hizo comprender que llegaban a la entraña de nuestra alma a través de su expresión musical y que fácilmente podrían expresar su emoción en nuestro propio idioma.
>
> Fue entonces cuando escribí mi método "Aprenda usted español por medio de la música." (Learn Spanish Through Music) y lo comencé a poner en práctica con unos grupos de jóvenes entusiastas.
>
> ...Ni yo misma podía sospechar la eficacia de mi enseñanza. Rápidamente los cantantes norteamericanos dieron recitales de música hispanoamericana sin que muchos espectadores pudieran sospechar que ellos desconocían el castellano. [45]

El artículo contiene algunas observaciones interesantes del periodista durante la entrevista. Observa a la compositora sentada frente a su piano y la describe de la siguiente manera:

> Es una mujer arrogante, casi altiva, que rebosa en su charla la intensidad de su fuego interno. Semeja un volcán de su tierra mexicana. Lleva en su rostro la fuerza de la inspiración. Su cabeza que empieza a mojarse de nieve . . . Sus ojos grandes, como espejos de dulces romances, . . . [46]

Después, al ver que María Grever, contemplando retratos de sus cuatro nietos, besa uno de los retratos y exclama con emoción: "¡Vaya ojos los de este niño! ¡No puede negar que tiene los ojos de la familia Grever!" el periodista recuerda que ella tiene sangre española y tapatía. Entonces alude a "su sangre andaluza" que estalla y a "su cariño maternal" y dice:

> Porque María, hija de un andaluz y de una mexicana, es sensible como el viento oloroso de los jardines sevillanos y fuerte como los charros tapatíos que juegan la vida al azar. Y canta como una necesidad de vivir, . . . [47]

---

45 B. Fernández Aldaña, "María Grever, compositora de " Tipitín " enseña español a los norteamericanos por medio de la música," El Liberal Progresista 13 enero 1943.
46 B. Fernández Aldaña.
47 B. Fernández Aldaña.

El artículo da a conocer un detalle interesante sobre el tiempo que emplea la compositora en escribir sus canciones. No explica si este procedimiento ocurrió durante toda su carrera o solamente durante los últimos años de su trabajo como compositora. Ella dice:

> Hago mis canciones en tres o cuatro minutos. El tiempo que necesito para interpretarlas. Para mí es una necesidad escribir para expresar mis pensamientos. Algunas veces son las personas que observo el motivo de una nueva canción. Una flor, una sonrisa, una mirada, son suficientes para tener el personaje central de una nueva composición. [48]

Los últimos seis años de su vida

En 1944 publicó "México canta" con la casa Edwin H. Morris de Nueva York. En 1945 publicó la canción "Te vi" también con Edwin H. Morris y compuso "No me lo digas" propiedad de Golden Sands Enterprises.

Según los archivos de la Hispanic Society of America de Nueva York, María Grever ofreció "un almuerzo en el Hotel Roosevelt en honor del destacado cantante Néstor Mesta Chayres con motivo de su partida para Buenos Aires."[49] Unas cincuenta personas asistieron al almuerzo del 17 de junio de 1946 obsequiado por "la celebrada compositora". Como huéspedes de honor estaba el Sr. Edmundo A. Chester, Director de la onda corta de la CBS y su esposa. Como se observará más adelante, al año siguiente, la compositora tendrá su propio programa de radio en la poderosa radiodifusora CBS de Nueva York. Mesta Chayrez había estado cantando en esa radiodifusora con la Orquesta CBS bajo la dirección de Alfredo Antonini. Según la crónica, Antonini iba a dirigir ese mes "la Sinfónica de Montreal en cuyo concierto será solista Néstor Mesta Chayres." También cantaría algunos meses en una emisora de Montreal. Terminados los postres, se improvisó una tertulia artística en la cual participaron varios artistas y Mesta Chayres quienes "cantaron composiciones de María Grever en su mayoría acompañados al piano por Federico Kramer."[50]

Igual que los "Conciertos Pop" de la Boston Symphony durante el verano, la empresa del Carnegie Hall en Nueva York también había venido presentando

---

[48] B. Fernández Aldaña.

[49] "María Grever obsequió a Néstor Mesta Chayres," La Prensa, 18 junio 1946. Theodore S. Beardsley, Jr., Director, The Hispanic Society of America, carta a la autora 6-4-89.

[50] "María Grever . . . Mesta Chayres."

con éxito conciertos parecidos. Durante el verano del '46 se presentó un "Concierto Panamericano" en Carnegie Hall la noche del 21 de junio de 1946 bajo la dirección del maestro D'Artega con el barítono colombiano Carlos Ramírez como solista y otros artistas. Como huéspedes de honor fueron invitados el compositor cubano Ernesto Lecuona y María Grever, "muy conocida en el mundo musical de Nueva York." [51]

La compositora publicó un total de ocho canciones en 1946 con Portilla Music Corporation. Como canciones sueltas publicó "Así" , "Mi amor por ti", "Mucho más" y "¡Ay qué bueno!". También en 1946 Portilla Music Corporation publicó un álbum de seis canciones en español con el título: Six Songs by María Grever. La portada, que mide 11" x 9", es café oscuro decorada con diseños verde claro. Las canciones son: "¿Por qué?" (con el título en inglés "Our Love"), "No espero nada de ti" ("Your Dream Hears Me Calling"), "Despedida" ("Farewell"), "¿De dónde?" ("From Where?"), "Atardecer en España" ("Twilight in Spain") y "¡Qué bonita!" (sin título en inglés). [52]

En 1947 compuso "Mucho más" propiedad de Golden Sands Enterprises. La canción "Inquietud" fue publicada por Edward B. Marks Music Corporation y "Quién eres tú" por Portilla Music Corporation en 1948.

De 1947 a 1948 la compositora tuvo un programa de radio cuyo título era "Con María Grever en Su Casa" transmitido por la radiodifusora CBS de Nueva York.[53] Carlos Grever dice que el programa se transmitía a varios países de Latinoamérica. Estando la compositora en el estudio de radio, "en abril de 1948 sufrió un derrame cerebral que le paralizó medio cuerpo, lo que la obligó a usar silla de ruedas." [54] Según la pequeña biografía de María Grever de Alvarez Coral, "siguió trabajando, moviéndose en una silla de ruedas para dirigir el estreno de sus canciones, recibiendo un sinnúmero de homenajes".[55]

"En 1949," dice Carlos Grever, "don Emilio Azcárraga la invitó a México por unas dos, tres semanas para que presentara una serie de programas en la XEW." [56] Estando en "la Ciudad de México se le otorgó la Medalla del Mérito Civil, como premio a su labor musical, y del pueblo mismo, la Medalla

---

[51] "De Música. "Concierto Panamericano" esta noche en Carnegie Hall," La Prensa 21 junio 1946.

[52] María Grever, Six Songs by María Grever (New York: Portilla Music Corp, 1946).

[53] Carlos Grever, entrevista con la autora, San Antonio, Texas 8-11-86.

[54] Archivos de Grever Internacional, S.A., México, D.F. 8-17-86.

[55] Juan Alvarez Coral, Compositores mexicanos (México: Editores Asociados, 1971) 92.

[56] Carlos Grever, entrevista 8-11-86.

del Corazón de México." [57] Parece no haber programa de esta importante ceremonia o se ha extraviado. Lamento no haber encontrado copias del programa ni reseñas de esa memorable ocasión.

En los archivos de Carlos Grever encontré seis composiciones de María Grever: dos con fecha de publicación y cuatro sin fecha; tres sin fecha ni nombre de la casa editorial. Estas tres composiciones son: el bonito vals "Brisas", "Pregón de las Flores" (que por la partitura parece ser parte de una zarzuela), y "Yo no sé". Juan S. Garrido indica en su libro que "Yo no sé" se publicó en 1927 y que el vals "Brisas" se publicó en 1928. [58] La canción "Ya no me quieres" con letra y música de María Grever está publicada con Derechos de Autor por Carlos Grever con fecha de 1960.

María Grever regresó a Nueva York al terminar su viaje a México. Carlos Grever conserva dos composiciones de su madre que posiblemente sean las últimas que compuso. Una es el "Himno de amor a Cristo" con música de María Grever sobre el soneto anónimo español "A Cristo crucificado". Dice su hijo, Carlos Grever, "Lo compuso en su cama cuando estaba muy enferma." [59] El título de la otra composición es "La última canción de María Grever" que publicó su compañía Golden Sands Enterprises en 1950. La compositora ya enferma a su regreso de México "al poco tiempo fue internada en el Hospital Policlínica de Nueva York donde falleció el 15 de diciembre de 1951. Por deseos de ella, sus restos fueron inhumados en el Panteón Español de la Ciudad de México." [60]

En la entrevista con la periodista venezolana, Edith Guzmán, Carlos Grever recuerda a su madre y dice:

> Si mi madre no hubiera muerto, habría podido hacer muchas más canciones; ella estaba en la plenitud de sus facultades. Tenía 65 años cuando murió a consecuencia de un coágulo que se le desprendió a los siete días de haber sido operada de la vesícula. Ella le tenía horror a los hospitales. Me decía que no la llevara nunca a una clínica porque sabía que si entraba no iba a salir, como en efecto fue. [61]

---

[57] Archivos Grever Internacional, S.A.
[58] Juan S. Garrido, Historia de la música ....., p. 60 y p. 63, respectivamente.
[59] Archivos Carlos Grever.
[60] Archivos Grever Internacional, S.A.
[61] Edith Guzmán, "El centenario del nacimiento de María Grever . . .," El Nacional 2 septiembre 1985, : C 8.

En el Panteón Español de la Ciudad de México donde reposan los restos de la compositora, hay un busto de Octavio Ponzanelli de María Grever igual al que está en las oficinas de Grever Internacional en la Ciudad de México.

Carlos Grever recuerda que su padre, León Grever, "la ayudó [a María Grever] en todo lo que pudo. Le gustaba mucho la música. La animaba en su carrera." Su padre murió en 1955 en New Jersey. [62]

A la pregunta de Edith Guzmán, "¿Qué se siente ser hijo de María Grever?" Carlos Grever responde: "Un orgullo indescriptible, algo que muchos quisieran. Es así mismo una responsabilidad y por eso he tratado de hacer algo en pro de los compositores y cantantes." [63]   Como se ha anotado, los primeros en grabar sus canciones fueron José Mojica, Alfonso Ortiz Tirado, Néstor Mesta Chayres, Pedro Vargas, Juan Arvizu y Andy Russell.   También grabaron su música el barítono mexicano Hugo Avendaño, Nicolás Urcelay, los argentinos Libertad Lamarque y Lucho Gatica.   Más recientemente el español Julio Iglesias popularizó "Júrame" nuevamente y el magnífico tenor mexicano de ópera Plácido Domingo ha grabado varias de sus canciones. Agrega Carlos Grever que

> Alberto Angel "El Cuervo" acaba de grabar [en 1985] un LP acompañado de mariachi sinfónico únicamente con temas de María Grever.   También la cantante Tehua grabó un LP completo de María Grever.   Jorge Fernández hizo un LP hace más de 25 años y todavía está en el mercado, lo que significa un record. [64]

En 1929, al terminar su gira en La Habana, Cuba y preparándose para ir a México después de una ausencia de siete años, la compositora recuerda años pasados en que se había sentido sola caminando por Broadway en Nueva York y había sentido nostalgia de su patria.   Ese año en Cuba, preparándose con ansia para estar otra vez en la tierra de su juventud, dice:

> Voy a México--nos dice,--con ansia de la tierra soñada. Tantos años de ambular por tierra extraña me han creado la infinita nostalgia de la patria nativa.   A veces, cuando me perdía en Broadway . . . por entre el ruidoso enjambre de [Nueva York], me sentía sola, en el frío desamparo de las cosas y los seres lejanos y añoraba por mi tierra adorada . . .
>
> Ahora voy al viejo solar de mis mayores, a soñar un poco bajo el cielo incomparable, a reconstruir con la añoranza las páginas de

---

62 Carlos Grever, entrevista 8-11-86.
63 Guzmán.
64 Guzmán.

mi adolescencia feliz, cuando creía que la vida sólo era un sueño de maravilla, sin reparar que muy pronto tendría que hacerle frente para vivirla de verdad . . . [65]

Las páginas musicales de María Grever--y de otros músicos de esa época-- quedaron grabadas en la herencia musical de generaciones de latinoamericanos. Nos ayudaron a soñar un poco al hacerle frente a la vida para tratar de quizás vivirla mejor.

---

65   José Navarro, "De charla con María Grever, la Bohemia Dorada," La semana ilustrada, febrero, 1929. Archivo Grever Internacional.

SEGUNDA PARTE

IV. EL TANGO

En el Archivo Grever International de la Ciudad de México se encuentran 63 composiciones con letra y música de María Grever más el manuscrito de la pequeña obra teatral, "Cantarito." Se debe tener presente, sin embargo, que la compositora compuso, como ya se ha observado, aproximadamente "más de mil [canciones]; hay infinidad que están inéditas" [1] según su hijo, Carlos Grever. Es probable que algunas composiciones se hayan perdido u otras se hayan editado en otras casas o países y por lo tanto no ha sido posible localizarlas. Estudiando, pues, sólo estas 63 composiciones se observa que la compositora utilizó las siguientes formas musicales: el tango, el vals, la canción y el bolero. Esta colección de 63 composiciones consta de cuatro tangos, dos valses, cuarenta y cuatro canciones y diez boleros. Hay dos composiciones llamadas "canción-vals" por la compositora y una canción llamada "samba" por la compositora. En este estudio se examinarán las cuatro formas musicales usadas por la compositora--el tango, el vals, la canción y el bolero--y las composiciones que ella escribió utilizando esas formas. El trabajo propone mostrar el perfecto acoplamiento de la letra y de la música en cada composición. El texto español que se estudia es el original de María Grever. No es el propósito aquí hacer una crítica de las traducciones en inglés. Se hace sólo la observación de que todas las traducciones en inglés de estos textos son inferiores a los originales en español. La razón se debe sencillamente a que es muy difícil o casi imposible al traducir encontrar palabras en inglés que correspondan al significado del verso en español y ajustarlas exactamente a las mismas notas y acentos musicales.

Los cuatro tangos que se estudian en este capítulo son: "Júrame," "¡Cobarde!" "Eso es mentira" y "¡Ese tango!" Antes de estudiar la estructura de estos tangos, es oportuno considerar brevemente algunos antecedentes históricos que señalan el desarrollo del tango.

El tango

Los musicólogos señalan que aunque hay duda acerca de la etimología del término "tango", se puede trazar el origen a ciertos tipos de danza que datan

---

[1] Edith Guzmán, El Nacional, 9-2-85, C 8.

de las primeras décadas del siglo 19 en países como Argentina, Uruguay y Cuba. Aseguran los musicólogos que es casi indudable que el internacionalmente conocido tango--expresión popular de la danza y canción argentina y uruguaya--está vinculado a la habanera cubana y al tango cubano. El tango cubano y la habanera se habían extendido por toda América Latina y el Brasil durante la primera mitad del siglo 19.[2]

En 1923 llegaron a México de Argentina varias compañías de teatro. Ya antes de su llegada, se conocía el tango y gustaba mucho en México. Con el arribo de las compañías teatrales argentinas, tales como la Compañía de Comedias Argentinas de Camila Quiroga, las compañías de Lola Membrives, de Vitone y Pomar, [3] el tango se popularizó aún más. Señala Garrido que los artistas argentinos cantaban al final de las funciones tangos y canciones de su país y también presentaban bailes de su tierra. La popularidad del tango en México tuvo bastante influencia en algunos compositores, tales como "Tata Nacho y María Grever", [4] y los inspiró a componer tangos.

El tango se internacionalizó durante los primeros quince años del siglo 20, [5] según Béhague. Estuvo de moda entre la sociedad parisiense después de 1907 y en Inglaterra desde 1912. En Argentina, Carlos Gardel se convirtió en el ídolo del tango durante la década de 1920. Fue la influencia de Gardel que popularizó y puso de moda el tango por toda Europa y en todo el continente americano.[6] Una de las mayores contribuciones de Gardel a la historia del tango fue el transformar su carácter estrictamente de baile a un tipo de canción con significado socio-cultural con el que se podían identificar los argentinos de diferentes clases sociales. [7]

Según los musicólogos, se pueden distinguir tres tipos de tango que estaban de moda en las primeras décadas del siglo veinte: el tango-milonga, el tango romanza y el tango-canción.[8] María Grever llamó "tango-canción" a "Júrame", su primera obra de ese tipo y lo publicó en 1926. Respecto al impacto de "Júrame," Garrido sólo dice que "María Grever se consagró como

---

2   Gerard Béhague, "Tango," The New Grove Dictionary of Music and Musicians, 1980, 563. Ver también: Gerard Béhague, La música en América Latina (Caracas: Monte Avila Editores, 1983), la Segunda Parte, para una extensa explicación de estos géneros musicales, patrones rítmicos, estilos y compositores.

3   Juan S. Garrido, Historia de la música popular en México (México: Editorial Extemporáneos, S.A., 1974) 53-4.

4   Garrido.

5   Béhague 564.

6   Béhague 564.

7   Béhague.

8   Béhague 563.

popular melodista con su tango "Júrame" que fue un éxito de impacto internacional."[9] Béhague señala que los mejores ejemplos de tango-canción incluyen "Mi noche triste" (c1915) de Samuel Castriota, "Adios muchachos" (1928) de Julio César Sanders, "Milonguita" (1920) de Enrique Delfino y "Sur" (1948) de Aníbal Troilo.[10] Obsérvese que todos son compositores masculinos. No se dan los nombres de los poetas. Sé, por el original que tengo de "Adios muchachos", que la música fue compuesta por Julio César Sanders y la letra fue escrita por César F. Vedani. Algunos de los más conocidos ejemplos de tango-canción compuestos por Carlos Gardel son "El día que me quieras", "Mi Buenos Aires querido", "Volver" y "Cuesta abajo." Agrega Béhague que posiblemente el tango de más éxito fue "La cumparsita" (1917) de Gerardo Matos Rodríguez, escrito en Montevideo, Uruguay.[11]

La fórmula métrica de todas las formas del tango es binaria (2/4) y las fórmulas rítmicas del acompañamiento son las siguientes dos:

Ejemplo l.

"Júrame"

El texto de "Júrame" consta de un par de cuartetos y dos sextillas agudas. Las estrofas de los cuartetos de arte mayor están compuestas de ocho versos dodecasílabos con rima consonante cruzada ABAB. El verso de los cuartetos es dodecasílabo ternario: ooóo ooóo ooóo. Este verso "consta de tres tetrasílabos; acentos en tercera, séptima y undécima, ritmo trocaico."[13] Las sextillas están formadas de doce versos octosílabos con rima aguda paralela asonantada aab´: aab´. La estructura rítmica de los octosílabos es el tipo trocaico: oo óo oo óo. "El trocaico sitúa el primer tiempo marcado sobre la tercera sílaba, . . . y empieza con dos sílabas en anacrusis"[14] : "que aunque pase mucho tiempo" (primer octosílabo de la sextilla "Júrame".) Respecto al octosílabo, Navarro Tomás dice que "es sin duda el verso más antiguo de la

---

9 Garrido 59.
10 Béhague 563.
11 Béhague 533.
12 Béhague 563.
13 T. Navarro Tomás, Métrica española, (Madrid: Ediciones Guadarrama-Labor, 1974) 513.
14 Navarro Tomás 71.

poesía española. Aparece en algunas de las jarchyas mozárabes de los siglos XI y XII." [15]

La estructura de la música del tango-canción "Júrame" es de dos partes cada una compuesta de las secciones ABCD. La composición está escrita en el tono de do menor. Comienza en Do Mayor y en el cuarto compás de la introducción cambia a do menor para comenzar la primera parte. Al comenzar la segunda parte, hay modulación al tono de do menor en el cual termina.

Las frases musicales están compuestas de doble corcheas que equivalen a cada sílaba del verso. Por tal razón, dos versos equivalen a una sección musical o sea, equivalen a cuatro compases. Ejemplo 2:

Esquema del tango-canción "Júrame"

	Texto	Música	
(2) cuartetos	A ------------------------------ A	Parte I
	B _____ A	
	A	
	B _____ B	
	A	
	B _____ C	
	A	
	B _____ D	
(2 sextillas)	a ------------------------------ B	Parte II
	a	
	b´ _____ A	
	a	
	a	
	b´ _____ B	
	a	
	a	
	b´ _____ C	
	a	
	a	
	b´ _____ D	

El éxito de "Júrame" se debe a tres elementos característicos de María Grever que están presentes a través de casi toda su obra: la belleza de (a) la línea lírica musical, (b) la armonía y (c) la letra. Como los tres elementos nacen de una misma persona, la fusión de la idea poética-musical es completa. Respecto al tema de "Júrame," la idea poética-musical de esta composición

---

[15] Navarro Tomás 71.

revela un sentimiento profundo de amor. Al escuchar el texto con la música, la persona que escucha comprende o recuerda experiencias similares de amor. La música y el texto evocan sentimientos íntimos, por lo cual el público se sentía atraído a la música de María Grever. Las personas le solían preguntar a la compositora: "¿Cómo sabe usted lo que yo siento? ¿Lo ha vivido?" y María Grever contestaba, " todo el secreto está en que yo recojo fragmentos humanos, demasiado humanos, y los pongo en música." [16]

En "Júrame," las palabras de la poeta al amante están cargadas de emoción intensa, de mensajes íntimos. La poeta está frente al amado y en la escena íntima le habla, como es natural, en el "tú" personal. En las sextillas, obsérvese el dominio característico de la compositora del manejo original de la armonía y melodía para acentuar y sostener las cinco expresiones imperativas "júrame," "mírame," "bésame," "quiéreme" de la poeta al amante. La intensidad del texto y de la música va aumentando progresivamente desde el principio de la obra. El énfasis insistente del texto y de la música comienza con los versos de la segunda sextilla "Bésame, con un beso enamorado/ como nadie me ha besado/ desde el día en que nací" para culminar en el clímax de la obra con la palabra "locura" en el décimo verso "Quiéreme, quiéreme hasta la locura." La curva musical, la cadencia y los dos últimos versos, "Así sabrás la amargura / que estoy sufriendo por ti," dan la ilusión de resolver la angustia y la intensidad emotiva de la obra.

El impacto que "Júrame" tuvo en el público latinoamericano, merece una vista detallada del texto y de la música. Aunque es importante observar que la poeta es agresiva e insistente al dirigirse al amante, es aún más importante observar que además del dominio verbal, está presente el dominio de la técnica musical unido al de la forma poética. Trabaja ambas, la forma poética y la estructura musical, con mano segura y visión original. Prueba de esto fue, como se ha notado, el asombro de varios periodistas--"no me imaginaba que fuera obra de mujer" [17]--al descubrir quién era la compositora de "Júrame." Debido a que en 1927 fue el famoso tenor José Mojica quien dio fama a "Júrame" y que desde entonces general y tradicionalmente ha sido cantada por tenores, los adjetivos del texto se cambian al género femenino al cantarle el tenor a la mujer amada. La unión perfecta mencionada anteriormente de la forma poética y de la estructura musical se manifiesta de la siguiente manera. Obsérvese en el Ejemplo 3 el ritmo trocaico del dodecasílabo ternario oo6o

---

16 "Delirante entusiasmo ha producido el anunciado concierto de la Señora Grever y el tenor Dr. Alfonso Ortiz Tirado," El Continental 13 de marzo, 1930: 3.

17 Luis R. Alvarez, "María Grever y Alfonso Ortiz Tirado ovacionadísimos . . . El Fronterizo 17 de marzo 1930.

oo6o oo6o en perfecta armonía con la estructura métrica musical. Obsérvese también la curva melódica ligada perfectamente a la curva de la palabra hablada: cada sílaba es una nota. La curva tonal emplea los grados principales tradicionales: tónica, subdominante, dominante, tónica. El tono es do menor. El término de movimiento es "Languido," "poco rubato."

Ejemplo 3. María Grever, "Júrame", compases 1-14. Copyright 1926 por G. Schirmer, Inc. Utilizado con autorización de G. Schirmer, Inc., New York, NY 10003. International Copyright Secured. All Rights Reserved.

Júrame
Promise, Love

La segunda parte de "Júrame" comienza en el compás 23 en el tono de Do Mayor con el imperativo "júrame". La serie de cuatro mandatos comienza cada período ABCD. El acento esdrújulo de "mírame," "bésame," "quiéreme" concuerda con el primer tiempo pesado de cada sección (los compases 23, 28, 33 y 38.) Cada mandato sirve de anacrusis a los tres versos octosílabos correspondientes--aab´: aab´--y a su frase musical que consta de cuatro compases. La primera sextilla consta de 10 compases (23-32); la segunda de 13 compases (33-45) por el cambio "lento" a corcheas lo cual alarga el tiempo en los últimos dos versos hacia el final.

El tono característico de las composiciones de María Grever es el color que consigue por medio de varios usos de los siguientes elementos musicales: el uso de distintos acordes aumentados y disminuidos; acordes con intervalos cromáticos; matices de aumentación o disminución progresiva o acelerada de movimiento (accellerando; ritenuto, etc.,); matices de dinámica de diferentes grados de intensidad; acentos expresivos y cuidado esmerado del fraseo. Tiende a usar estos acordes, matices musicales y el fraseo para expresar la tensión, ternura, deseo, anhelo o tristeza de la imagen creada por el verso. En el Ejemplo 4 de "Júrame", comenzando con la última sextilla (compás 33) obsérvese la estructura de la frase musical--la dinámica, los acordes de séptima dominante, el cromaticismo, el calderón, la modulación a Fa Mayor, a fa menor; cadencia fa# a sol dominante--y su propósito: intensificar los versos octosílabos correspondientes "Bésame, con un beso enamorado/como nadie me ha besado/desde el día en que nací." Los mandatos "júrame," "mírame," "bésame," "quiéreme" son fragmentos dactílicos (óoo) seguidos por una pausa que, aunque se enlazan con el verso octosílabo correspondiente, sirven para enfatizar y hacer resaltar la intensidad del contenido de cada verso. El clímax es: "Quiéreme, quiéreme hasta la locura" con los acordes de 7a de re menor, 7a de Do Mayor y 7a de La Mayor. La frase culmina fortissimo con el calderón sobre el sol. Para el efecto final, la voz baja a "mezzo piano doloroso" una octava bajo el sol de "locura" aunque el acompañamiento emplea el mismo acorde 9a de La Mayor. Utiliza notas de paso en tonos cromáticos ("Así sabrás la amargura"), acordes lentos de re menor, a 7a dominante ("que estoy sufriendo") que conducen a la resolución en Do Mayor ("por ti").

La intensidad de la línea melódica y de las cadencias musicales terminan con una resolución tradicional en todas estas composiciones. Por otra parte, generalmente no ocurre lo mismo en el texto poético. Por ejemplo, en el nivel sicológico de "Júrame," a pesar de la fuerza de la música y de la pasión de los amantes, parece haber cierta incertidumbre de parte de la mujer respecto al amor del hombre. Ella admite tener "celos hasta del pensamiento/que pueda recordarte a otra mujer amada." El conflicto de la situación parece ser la intuición "amarga" de ella de un posible futuro distanciamiento o pérdida del amor del amante. De lo contrario, ella--frente al silencio de él--pero segura del amor del hombre, no insistiría en "júrame," "mírame," "bésame," "quiéreme" ni terminaría con "así sabrás la amargura que estoy sintiendo por ti." Por lo general, en el final de las composiciones de María Grever, los temas del anhelo, la búsqueda del amor o el deseo de encontrar otra alma parecida quedan presentes sin resolverse, reflejando así fragmentos de la vida humana.

Ejemplo 4. María Grever, "Júrame", compases 33-45. Copyright 1926 por G. Schirmer, Inc. Utilizado con autorización de G. Schirmer, Inc., New York, NY 10003. International Copyright Secured. All Rights Reserved.

Estos acordes con intervalos cromáticos, acordes aumentados o disminuidos, los empleó la compositora desde1926 en "Júrame" y los continuó utilizando frecuentemente en sus obras. Este toque característico de su música hizo sobresalir su obra desde 1927 debido a que en esos años los compositores mexicanos anteriormente citados en el Capítulo I de este estudio, raramente usaban esos acordes. Hay dos posibles fuentes respecto al origen de la influencia de estos acordes en la compositora. Es posible que la compositora haya escuchado las obras de Cole Porter o de Irving Berlin en Nueva York durante esa década (Capítulo I) y haya utilizado acordes de ese tipo en sus composiciones. Precisa subrayar, sin embargo, que la compositora sólo usó la técnica de esos acordes, no el estilo norteamericano de dichos compositores. El estilo de armonización es propio de ella. Por otra parte, es probable que su música haya tenido influencia de Claude Debussy pues Carlos Grever dice que su madre de chica iba con sus padres en viajes de España a París donde "estudió con Claude Debussy." [18] (Ver Capítulo I). Carlos Grever no sabe las fechas ni los detalles de esos estudios de música en Europa y las personas mayores de su familia que podrían verificar esos estudios han muerto.

La música de la primera parte de "Júrame" se repite con los otros dos cuartetos dodecasílabos. La rima es cruzada ABAB como la anterior. Fue en estos segundos cuartetos donde José Mojica al grabar "Júrame" para el disco Víctor Sello Rojo explica: "En esa canción discurrí hablar, recitando frases de la segunda parte, introduciendo así algo nuevo en las canciones." [19] En efecto, en el disco se oye a José Mojica recitando parte de la estrofa mientras la orquesta toca en el fondo. El tenor comienza a cantar de nuevo con la orquesta al comenzar la conocida sextilla, "Júrame," de la segunda parte.

"¡Cobarde!!"

El bello tango-canción "¡Cobarde!!", publicado en 1929 sigue también el ritmo métrico musical del tango (Ejemplo l) y el mismo compás binario 2/4. La forma musical consta de las Partes I y II. La estructura poética se compone de ocho cuartetas de octosílabos. La Parte I de "¡Cobarde!!" consta de dos cuartetas, la primera de versos sueltos ø, la segunda de rima abrazada abbc. La Parte II consta de dos cuartetas con tres rimas cruzadas abab:cbcb con extensión db para el segundo párrafo musical de la repetición. Ejemplo 5:

---

18 Carlos Grever, entrevista, 8-11-86.
19 José Mojica, Yo pecador, 270.

Esquema del tango-canción "¡Cobarde!!"

```
              Texto          Música
cuarteta        ø ------------------------ A      Parte I
                ø _____ A'
                ø
                ø _____ B
cuarteta        a
                b _____ A''
                b
                c _____ B
cuarteta        a ------------------------ B      Parte II
                b _____ A'
                a
                b _____ B
cuarteta        c
                b _____ A''
                c
                b _____ C
segundo párrafo musical:
                d
                b _____ C
```

El primer verso de la primera cuarteta es octosílabo mixto: o ó o ooo ó o para dar el ritmo brusco del tango al comienzo de la música vocal. La estructura rítmica del octosílabo mixto "coloca el primer tiempo sobre la segunda sílaba, deja la primera en anacrusis y distribuye las cinco del período en la forma de 2-3 o de 3-2" [20] : "Co-bar-de, todos me llaman." La primera nota vocal y primera sílaba "co-" es fragmento musical anacrúsico. .

Los siguientes versos de la cuarteta son octosílabos dactílicos óoo óoo ó o [21] para acoplarse a la música que de aquí en adelante está escrita en tresillos. La estructura rítmica del octosílabo dactílico "asienta el primer apoyo sobre la sílaba inicial, comprende en el período rítmico dos cláusulas trisílabas de acentuación esdrújula y carece de anacrusis" [22] : "en que tu insana hermosura," verso dactílico de la primera cuarteta octosílaba.

---

[20] Navarro Tomás 71.
[21] Navarro Tomás 72 , 506.
[22] Navarro Tomás 71.

Ejemplo 6: María Grever, "¡Cobarde!!", compases 11-14. Copyright 1929 por Southern Music Publishing Co. Utilizado con autorización de Grever Internacional, S.A.

La Parte II se compone de octosílabos polirrítmicos combinando variedades trocaicas y dactílicas con el ritmo métrico del tango. Se repite la Parte I y II con otras cuartetas octosílabas. "¡Cobarde!!" está escrito en el tono de Si bemol Mayor. La introducción tiene modulación a si bemol menor para empezar la Parte I. Al final de la Parte I hay modulación a Si bemol Mayor para la Parte II. Se emplean acordes aumentados cromáticos, acordes de 7a dominante además de los tradicionales. El contraste de ritmo musical entre las dos Partes, especialmente el uso de los tresillos en la Primera Parte y de las corcheas con puntillo y doble corcheas en la Segunda Parte, acentúa el ritmo distinto propio del tango y de la voz cantada. La compositora cambia los papeles en el texto de este tango. Es el reverso del texto femenino de "Júrame." En "¡Cobarde!!", la voz masculina le canta a la mujer amada que se ha ido con otro. Según el texto, el término "Cobarde" se refiere a él porque al verla en brazos "de otro hombre a quien jurabas / la misma pasión que a mí / no le cogí entre mis manos / y le hice allí mil pedazos." Esta composición se grabó en Hollywood en 1930 en disco Víctor por el Dr. Alfonso Ortiz Tirado con orquesta. Se cantó en varios recitales de la compositora y del Dr. Ortiz Tirado en México y en Cuba, como se ha anotado.

"Eso es mentira"

El tango "Eso es mentira" fue publicado en 1931. Se nota el esmero en el manejo de la armonía, la línea melódica, la letra y el fraseo. La partitura, a un lado del título, lleva un sello grande con la marca "Disco Víctor" por lo que se supone que este tango se grabaría en esos años. No lo encontré en el registro de los Archivos Víctor de Nueva York. Probablemente ese dato se ha perdido. Sólo guardan algunos datos, no todos. En cambio, los archivos de la Biblioteca del Congreso indican que Libertad Lamarque grabó este tango para Víctor con la Orquesta de Chucho Zarzosa. El año de esta grabación no está indicado.

El cuidado de los detalles con respecto a la armonización, al fraseo melódico y su enlace con la letra muestran el dominio característico de la compositora. La composición emplea el mismo ritmo métrico del tango del Ejemplo 1 y el compás binario de 2/4. La forma musical se compone de las Partes I y II. La estructura poética de la Parte I consta de cuatro cuartetos decasílabos trocaicos. El decasílabo trocaico compuesto o óo óo : o óo óo "consta de dos pentasílabos trocaicos con acentos en segunda y cuarta de cada hemistiquio."[23] El primer decasílabo trocaico es: "Me dicen todos : que me ha engañado" con sinalefa en "me ha en" del segundo hemistiquio. Son asonantes los versos pares y sueltos los impares: ABCB DBCB.

La estructura poética de la Parte II se compone de quintillas octosílabas de tipo trocaico óo óo óo óo. Cada quintilla consta de dos rimas combinadas abaab. El primer verso de cada quintilla comienza con el fragmento musical anacrúsico de tres notas vocales (acordes, con calderón sobre cada acorde) y sus tres sílabas correspondientes con sinalefa: "Eso es men-". El esquema de este tango es el siguiente. Ejemplo 7:

---

[23] Navarro Tomás 509.

Esquema del tango "Eso es mentira"
Texto   Música

(4) cuartetos   A --------------------------- Parte I
                B´ _____ A '
                C
                B´ _____ A "
                D
                B´ _____ A '
                C
                B´ _____ A "
(2) quintillas   a --------------------------- Parte II
                b´ _____ A '
                a
                a
                b´ _____ B
                a
                b´ _____ A "
                a
                a
                b´ _____ C

El texto de este tango relata en voz masculina "el dolor profundo" al saber por medio de amigos que la mujer amada lo ha dejado por otro. El lo niega en las primeras estrofas e insiste en que "eso es mentira" pues "era inmensa nuestra pasión." En la última quintilla al final de la composición, Ejemplo 8, (compases 32-39) la fuerza del conflicto en este tango termina en un nivel sicológico tristemente ilógico debido a tres elementos contradictorios que convergen en el canto de él: (1) la música sigue su curso impasible, (2) la infidelidad y engaño de ella versus (3) la insistencia de él en negar la infidelidad, su insistencia en creer y repetir las palabras de amor de ella. Obsérvese el uso de (a) las notas de paso cromático, (b) las dobles corcheas insistiendo "ella nunca me engañó," (c) los acordes con calderón enfatizando "eso es mentira"; (d) la línea melódica de doble corcheas con los últimos tres versos insistiendo todavía en las palabras de amor de ella. Ver Ejemplo 8.

Ejemplo 8. María Grever, "Eso es mentira," compases 32-39. Copyright 1931 por Southern Music Publishing Co. Utilizado con autorización de Grever Internacional, S.A.

"¡Ese tango...!"

"¡Ese tango...!" fue publicado por A. Wagner y Levien en México en 1927. La copia de "¡Ese tango...!" que se encuentra en los archivos de Grever International en la Ciudad de México está incompleta. Sólo tiene la voz y el texto poético. Sin el acompañamiento no es posible precisar cómo dispuso María Grever la armonización. El compás es binario (2/4) y la voz tiene la fórmula rítmica del tango. La letra se compone de cuatro cuartetos endecasílabos con rima ABAB. La estructura rítmica es del endecasílabo melódico oo ó oo óo oo óo que consta de acentos en tercera, sexta y décima.[24] Las dos primeras notas y dos primeras sílabas son un fragmento musical anacrúsico del primer verso: "E-se tango de ritmo misterioso / que se anida dentro del corazón." La forma musical se compone de las Partes I y II. La primera parte consta de 17 compases lo mismo que la segunda. Los cuartetos se cantan en la Parte I. La Parte II sólo tiene dos grupos de octasílabos separados, sin rima entre los dos. Están separados por cuatro compases musicales. Al parecer, el énfasis de la Parte II es su ritmo musical y función bailable. La Parte I se repite para los dos cuartetos restantes. No encontré indicación de que este tango se haya grabado en disco.

---

[24] Navarro Tomás 511.

V. EL VALS

El Archivo Grever conserva tres valses con letra y música de María Grever. En 1928 publicó dos valses, "Brisas", dedicado "Con simpatía al Sr. Roberto Leuze," y "Hasta la vista", publicado por G. Schirmer de Nueva York. Garrido cita el vals "Un beso" publicado en 1931.[1] No me fue posible encontrar este manuscrito. En 1938 María Grever publicó "Tipitín", 'Canción-Vals', con la casa Leo Feist de Nueva York. Este capítulo estudia estos tres valses de María Grever.

Es oportuno antes considerar brevemente algunos antecedentes que trazan el desarrollo y la influencia del vals europeo cuya forma pasó al continente del Nuevo Mundo.

El vals

Respecto al origen del vals, los musicólogos señalan que hay varios orígenes y formas de este baile que existían en Europa a mediados del siglo 18. El término alemán 'walzen' es sólo uno de varios términos que describían bailes en compás ternario que se bailaban en el sur de Alemania, Bavaria, Austria y Bohemia. Los términos en alemán se referían al tipo de baile (Dreher, Weller, Spinner, por ejemplo) o al lugar geográfico de los bailes (Landler, del norte de Austria, Steirer de Styria.) En todo caso, la popularidad del vals se fue extendiendo rápidamente por toda Europa durante el siglo 19 junto con su nombre alemán 'walzen', 'waltz' en inglés y vals en español. [2]

La fórmula métrica del vals es la siguiente. Ejemplo l:

$$\frac{3}{4} \quad \text{♩} \quad \text{♩} \mid \text{♩} \quad \text{♩} \qquad \qquad 3$$

El musicógrafo mexicano, Gabriel Saldívar, señala que el Vals posiblemente llegó a México entre 1810 y 1815. Saldívar encontró un manuscrito en el Archivo General de la Nación sin "fecha ni lugar de procedencia, pero en una esquina aparece el número 1815." [4] Saldívar explica

---

[1] Juan S. Garrido, Historia de la música popular en México, 69.
[2] "Waltz," The New Grove Dictionary of Music and Musicians, 1980 ed.
[3] "Waltz," The New Grove Dictionary of American Music, 1986 ed., 204.
[4] Gabriel Saldívar, Historia de la música en México (México: Secretaría de Educacíon Pública, Publicaciones del Departamento de Bellas Artes, 1934) 178.

que el manuscrito describe el Vals como "pecaminoso e inhonesto." [5]   En cuanto a la fecha que apareció el Vals en México, Saldívar opina lo siguiente:

> Posiblemente este baile y su música fueron importados a México un poco antes, pues hay el antecedente de que en 1810 fue denunciado a la Inquisición de México un baile llamado Balsa, según el decir de un Comisario del Santo Oficio, llevado a San Salvador, Centro América, por el Comandante de un barco francés; lo que nos hace suponer que hizo su entrada aquí [a México] en una fecha comprendida entre 1810 y 1815 . . . [6]

La fama y el éxito del Vals en México cundió rápidamente y "su influencia llegó a dominar sobre las demás composiciones de la época." [7]

En Europa, fueron muchos los compositores europeos que escribieron valses y su influencia se extendió por todo el mundo. El siguiente es simplemente un breve fondo histórico de algunos compositores europeos que incluyeron el vals en sus composiciones y que con su música inspiraron a compositores en el continente americano. Entre los más famosos fueron Franz Schubert, Joseph Lanner, los Strauss, Johann e hijos Josef y Eduard, Joseph Gungl, Emile Waldteufel. El vals fue un importante elemento de la opereta. Por ejemplo, Offenbach lo utilizó en La belle Helene (1864), Gounod en el final del segundo acto de Fausto (1859) y en Romeo et Juliette (1867), Arditi en "Il bacio" para coloratura (1867), Franz Lehár en La viuda alegre (1905) y Der Graf von Luxemburg (1909), Fall en La princesa del dólar (1907) para citar sólo unos pocos. También se le incluyó en algunas óperas. Puccini, amigo de Lehár, lo utilizó en el vals de Musetta en La Bohemia (1896), Tchaikovsky en Eugene Onegin (1877), Richard Wagner en Parsifal (1882), Richard Strauss en Feuersnot (1901), en Salomé (1905), en Der Rosenkavalier (1911) y en Arabella (1933). [8] En el ballet se encuentra el vals de modo prominente en las partituras de eminentes compositores tales como Delibes en "Coppélia" (1870), Tchaikovsky en La bella durmiente (1890) y Cascanueces (1892). En las sinfonías, Bruckner y Mahler incluyeron formas del vals. Brahms, amigo de Johann Strauss, compuso varios valses para piano Op. 39 (1865) y los Liebeslieder Walzer (1869 y 1874). Ravel compuso La valse para orquesta en 1918.[9]

---

5   Saldívar.
6   Sald ívar.
7   Saldívar.
8   "Waltz," 205.
9   "Waltz".

Estos valses europeos pasaron al continente americano igual que los otros géneros musicales europeos de épocas anteriores, todo lo cual tuvo gran influencia en los compositores de este continente. Por ejemplo, en el interesante fondo histórico de la música mexicana de Garrido, él hace mención de las compañías de ópera italiana que visitaban a México (entre otros países hispanos) desde la segunda década del siglo 19. También se sabe que durante la época del imperio de Maximiliano y Carlota (1864-1867), una orquesta austriaca introdujo en México el vals vienés. Desde 1868 en adelante llegaban compañías de zarzuelas españolas y algunas compañías de operetas francesas.[10] Toda esta influencia europea se mezclaba con las melodías, el talento e inspiración de los compositores del continente latinoamericano. Garrido cita las diferentes danzas, polkas, mazurcas, habaneras, valses, etc., que se tocaban en México durante el siglo 19 y principios del 20. Pero, a diferencia de los Strauss, de Franz Lehár o de Lanner, por ejemplo, no parece haber compositores mexicanos o latinoamericanos que se dedicaran solamente al vals. Los latinoamericanos componían muchísimas danzas, mazurkas, romanzas, canciones, etc., además de valses. Garrido señala la importancia del año 1896 por ser ese año cuando la casa Wagner y Levien de la Ciudad de México publicó las primeras composiciones del compositor Miguel Lerdo de Tejada: las danzas "Promesas", "Ventanazos" y anunció su vals "Siempre te amaré".[11] El compositor mexicano Abundio Martínez compuso los valses "Te amo, te adoro" también en 1896 y los valses "Arpa de oro" y "Ondas cristalinas".[12]

Todos los compositores anteriores, como se observa, son masculinos. Garrido hace mención especial de la gran soprano mexicana Angela Peralta (1845-1883) por ser compositora además de ser cantante de ópera. Compuso un álbum con 39 composiciones entre las cuales existe el vals "Loin de Toi" con letra en italiano.[13] Garrido no indica la casa editorial ni la fecha de publicación. Un estudio de este álbum sería interesante.

Tres valses que tuvieron mucho éxito en México fueron "Club verde" de Rodolfo Campodónico, "Recuerdo" de Alberto M. Alvarado y "Juego hidráulico" de Carlos Curti publicados en 1902.[14] El vals "Sobre las olas", de Juventino Rosas, que fue publicado en 1934 por la casa Amsco Music Publishing de Nueva York, llegó a tener fama internacional.

---

[10] Garrido, 16.
[11] Garrido 11.
[12] Garrido 20.
[13] Garrido 16.
[14] Garrido 26.

"Brisas"

Los valses de María Grever siguen las formas musicales tradicionales.
Constan de forma binaria y de la forma métrica según el Ejemplo l. El vals
"Brisas" en Si bemol Mayor, por ejemplo, consta de 72 compases distribuidos
de la siguiente manera. La introducción se compone de ocho compases; cada
parte se compone de ocho frases musicales (ABCD)--con cuatro compases cada
frase--para un total de 32 compases cada parte. A pesar de la aparente
sencillez de la estructura, el estilo de armonización característico de la
compositora y la línea melódica le dan un aire sutil de agradable frescura que
corresponde al texto poético y al ritmo del vals. La armonización utiliza notas
cromáticas de paso y modulaciones dentro del círculo de quintas.

El texto se compone de cuatro cuartetas con asonancia en los pares: abcb.
Los versos son octosílabos polirrítmicos. La voz masculina del texto se dirige
a la brisa pidiéndole que le lleve el mensaje a la mujer amada. El ritmo
musical y el acento prosódico están unidos perfectamente al acento rítmico y a
la unidad métrica de cada verso. El esquema de "Brisas" es el siguiente.

El esquema del Vals "Brisas"

	Texto	Música
(4) cuartetas	a _____	A --------A
	b _____	B
	c _____	C'
	b _____	D'
	a _____	A
	b _____	B
	c _____	C"
	b _____	D"
	a _____	A --------B
	b _____	B
	a _____	C'
	b _____	C"
	a _____	A
	b _____	B
	b _____	C
	b _____	D

El término del movimiento musical es "Lento" y la indicadión del matiz es "piano." Siguiendo estas indicaciones, la pieza ejecutada produce una sensación de suavedad de movimiento: la acentuación rítmica musical y la armonización no sólo llevan el movimiento del vals sino que unidas al texto producen el movimiento tenue, flotante de la "brisa que pasas rozando/el cáliz de cada flor/ y recojes de sus hojas/un perfume embriagador" (compases 9-24). En el Ejemplo 2, obsérvese este movimiento y el mensaje de la voz masculina a la brisa: "llega hasta donde está ella/y en murmullo encantador/dile que siempre me quiera/como la quiero yo" (compases 25-39). La armonización de los compases 33-35 es característico de la compositora desde esta época. Emplea, en este ejemplo, el subdominante mi bemol menor y su resolución a la tónica, Si bemol Mayor. El último verso "como la quiero yo" termina la primera parte del vals.

Ejemplo 2. María Grever, "Brisas". Vals, compases 25-39. c 1928. Utilizado con autorización de Grever Internacional, S.A.

"Hasta la vista"

La forma musical del vals "Hasta la vista", publicado en 1928 por G. Schirmer, sigue el esquema normal binario con frases A'B'A''B'' en la primera sección y ABAB CDAB en la segunda sección. Está escrito para tenor o soprano en el tono de Si bemol Mayor. El término de movimiento es "Tiempo de Valzer. Lento." Sigue la forma métrica 3/4 del Ejemplo 1. Este vals consta de 52 compases; 20 en la primera sección y 32 en la segunda sección. Emplea la curva tonal tradicional y para crear interés y acentuar el fin de los versos de la primera parte (por ejemplo, "tu dulce voz / murmuró") altera la supertónica y usa el acorde 7a de sol sostenido menor. Estos acentos siempre caen en el tiempo pesado del compás. En la segunda parte emplea dos cortos pasajes cromáticos para acentuar la curva melódica.

El texto consta de tres cuartetos de rima aguda asonante el primer cuarteto, consonante el segundo y tercer cuarteto. Los versos alternan entre heptasílabos los pares y eneasílabos los impares en la mayor parte, pero también utiliza octosílabos. El último verso no pertenece a la estructura estrófica de los cuartetos. Es una extensión simplemente para complementar la extensión de la última frase musical del fin de la composición.

Aunque el ritmo musical y el métrico de los cuartetos polirrítmicos siempre se acoplan, y el tiempo del vals está siempre claro, el texto es repetición del mismo tema: "hasta la vista, te diré /...pediré /...cantaré / Hasta volverte a ver." No hay indicación que este vals se haya grabado.

"Tipitín"

La canción-vals "Tipitín", publicada en 1938, consta de forma binaria con 58 compases distribuidos de la siguiente manera: ocho compases de introducción, 32 en la primera parte, 16 en la segunda. La primera sección consta de cuatro frases ABCD repetidas. La segunda sección de dos frases AB repetidas. La composición está escrita en el tono de Do Mayor. El término de movimiento es "Vals. Moderato." Sigue la forma métrica 3/4 del Ejemplo l.

El triple atractivo de "Tipitín" es la gracia de la melodía, la letra y el ritmo. La melodía y el ritmo tienen gracioso aire español que se manifiesta por el uso de tresillos en las frases AB de la primera sección y pasajes sincopados al final de las frases C y D. Cada frase C termina con un grupeto que remata el toque español y el uso de los tresillos anteriores. La armonización emplea el ciclo de quintas de La Mayor a re menor a 7a de sol y a Do Mayor; emplea acordes de 7a dominante además de los usuales.

El estribillo de la segunda sección consta de la repetición rápida de corcheas (sol; fa; mi) para cada sílaba del verso. La armonización en esta sección emplea los grados tradicionales de tónica, subdominante y 7a dominante. La estructura poética de la composición consta de dos coplas octosílabas, estribillo y dos tercetos. La rima consonante de las coplas es abbc. El acento rítmico es octosílabo mixto o óo óoo óo: "Ladrón de amores me llaman." El acento rítmico del estribillo es octosílabo mixto óo óo óoo ó: "Tipitipitín tipitín". La rima de los tercetos consonantes es aab. El acento rítmico de los tercetos es hexasílabo trocaico óo óo óo (acentos en las sílabas impares[15]): "Todas las mañanas". El esquema de esta pieza es el siguiente:

El esquema de "Tipitín"

		Texto		Música	
(2) copla	a	_____	A	----------A	
	b	_____	B		
	b	_____	C		
	c	_____	D		
estribillo	a	----------------------------B			
	b	_____	A		
terceto	a				
	a				
	b	_____	B		
estribillo	a				
	b	_____	A		
terceto	a				
	a				
	b	_____	B		

La compositora pone este texto nuevamente en voz masculina. El varón es ladrón "de amores...por robarme su cariño", "sus besos y un rizo de sus cabellos." Se encuentra "enredado en ellos / y no me puedo escapar." Nótese el juego sicológico alegre (estado de 'yo' niño) del varón al robarse el cariño "como un juguete que a un niño / se le antoja al pasar" y el cambio de papeles a varón adulto, feliz cautivo del amor. El juego del joven continúa al decir que no se puede 'escapar' aunque a diario ocurre lo contrario: "todas las mañanas junto a tu ventana canto esta canción." La compositora consiguió un aire alegre característico español por medio de la melodía, del acento rítmico y de

---

15 Navarro Tomás 503.

la síncopa. Por ejemplo, obsérvese los tresillos (compases 10 y 15) del Ejemplo 3 que le dan a la composición un aire gracioso, juguetón:

Ejemplo 3. María Grever, "Tipitín", compases 10-15. Copyright 1938 por Leo Feist, Inc. Utilizado con autorización de Grever Internacional, S.A.

Nótese igualmente en el Ejemplo 4 (compases 17-23) los compases sincopados, la sinalefa acentuada de los versos y el grupeto (compás 23) al final de la frase que le dan el carácter alegre, español:

Ejemplo 4. María Grever, "Tipitín," compases 17-23. Copyright 1938 por Leo Feist, Inc. Utilizado con autorización de Grever Internacional, S.A.

El sonido del corazón del joven es el famoso estribillo "Tipitipitín tipitipitón", escrito cada sílaba con una corchea, Ejemplo 5, compases 48-54. El joven dice que "es sólo el sonido del fuerte latido de mi corazón." La gracia de la segunda sección es el ritmo y la onomatopeya "tipitipitín" del estribillo que comienza en el segundo tiempo ligero con las corcheas salpicadas. Este ritmo y la omisión del primer tiempo pesado de cada compás hace recordar el ritmo preciso de las castañuelas y el baile español que indudablemente la compositora conoció de niña en España.

Ejemplo 5. María Grever, "Tipitín", compases 48-54. Copyright 1938 por Leo Feist, Inc. Utilizado con autorización de Grever Internacional, S.A.

VI. LA CANCIÓN

Las cuarenta y cuatro canciones con letra y música de María Grever que se encuentran en el Archivo Grever International de la Ciudad de México datan de 1926 a 1951, el año de su muerte. Como se ha observado, su hijo, Carlos Grever ha dicho que ella compuso "Más de mil. Hay infinidad que están inéditas." [1] Este trabajo es un intento de estudiar, en orden cronológico, la forma musical y la forma poética de doce canciones de María Grever con el propósito de observar la unión perfecta de música y letra en la estructura de estas composiciones y el dominio del oficio que tenía la compositora. Las doce canciones que se estudian aquí son: "Tú, tú y tú," "Loca, loca," "Lamento gitano," "Te quiero, dijiste," "Alma mía," "Por si no te vuelvo a ver," "Cuando me vaya," "Cuando vuelva a tu lado," "Rataplán," "Despedida," "¿De dónde?" y "La última canción de María Grever."

Para estudiar la estructura de la canción es oportuno antes considerar brevemente algunos datos históricos que señalan la evolución y desarrollo de la canción española cuyas formas pasaron siglos después al continente latinoamericano.

La canción

El origen de la palabra española 'canción' puede trazarse a documentos de la Edad Media que aluden a los juglares y a la lírica trovadoresca del siglo 12 en adelante. Del área gallego-portuguesa proceden exclusivamente "el único núcleo de poemas que ha llegado a nosotros en forma escrita." [2] Del siglo 13, "más de 2,000 composiciones gallego-portuguesas han llegado a nuestros días, debidas a unos 200 poetas de nombre conocido entre los que se hayan reyes, príncipes, nobles..." [3] Hay tres clases de canciones galaico-portuguesas: "1) Cantigas de escarnio, ... 2) Cantigas de amor, ... 3) Cantigas de amigo ..." [4] Desde 1200 hasta bien entrado el siglo 15, los poetas españoles escribían sus composiciones líricas en lengua gallego-portuguesa.[5] Adams y Keller señalan

---

1 Guzmán, El Nacional, 8.
2 Nicholson B. Adams y John E. Keller, Breve panorama de la literatura española (Madrid: Editorial Castalia, 1968) 24.
3 Adams y Keller.
4 Adams y Keller.
5 Adams y Keller.

una nota que es importante para este estudio: "No debe olvidarse nunca que estos poemas fueron escritos para ser cantados y no para la lectura ... " [6]

Navarro Tomás explica que "El nombre gallego de cantiga se aplicó en Castilla, como en su región de origen, Galicia, a toda poesía destinada al canto." [7] De entre los tipos de cantigas compuestos en esta época, la cantiga de maestría se consideró compuesta de métrica más culta y variada. El Rey Alfonso X el Sabio, Siglo 13, cultivó esta forma en su variado repertorio poético. [8] El esquema de las coplas varía. Hay rima cruzada y abrazada; hay de dos o tres rimas. Existen multitud de ejemplos pero parece, según los eruditos, que el esquema "que había de llegar a ser la forma más cultivada del siglo14 fue abba: cdcd: abba de la cantiga de López de Ayala "La tu noble esperanza." [9]

Respecto al uso de la palabra 'canción' junto con las palabras 'cantiga' y 'cantar' empleadas por los poetas y compositores españoles, es importante señalar para este estudio la siguiente explicación de Navarro Tomás acerca de la canción trovadoresca:

> Durante la primera mitad del siglo 15, el nombre de cantiga siguió aplicándose, como en el siglo 14, a toda poesía compuesta para ser cantada. Desde mediados del siglo 14 se empezó a sustituir el nombre de cantiga por el de canción. . . . La canción del siglo 15, dedicada [principalmente] a temas amorosos fue limitando la variedad de formas . . . de la cantiga, reduciéndose . . . en una estructura que generalmente consistía en una redondilla . . . con rimas . . .abba: cdcd: abba o abab: cddc: abab. [10]

Sin embargo, una observación muy interesante es que la dicha "estructura de la canción [ya] había sido practicada y definida por Alfonso X el Sabio en varios números de las "Cantigas" del siglo 13.[11] Durante el siglo 14, los distintos tipos de canción se multiplican en variaciones de rima y versos en manos de compositores y poetas de este siglo.

Del siglo 15, el poeta más importante, según la crítica, es el Marqués de Santillana. "Compuso algunas de las más bellas composiciones líricas de la

---

6 Adams y Keller. El texto de los autores es estudio literario solamente; no es estudio de música.
7 Navarro Tomás 92.
8 Navarro Tomás 93.
9 Navarro Tomás.
10 Navarro Tomás 140.
11 Navarro Tomás 141. Véase el trabajo de Navarro Tomás para estudio detallado de la versificación y formas estróficas de estos siglos.

época tales como canciones, villancicos, serranillas y decires." [12] Recibió gran influencia de la poesía italiana y fue el primero en escribir sonetos en español. Aproximadamente de 1530 en adelante, los poetas españoles empleaban con frecuencia las formas italianas y sus combinaciones métricas de heptasílabos y endecasílabos y las llamaban 'canción'. Durante el siglo 16, algunos poetas españoles llamaban "canción" a arreglos de orquesta de las "chansons" francesas. También en este siglo y ocasionalmente en el siglo 17, la palabra canción se usaba igual que "chanzoneta".[13]

Respecto al origen de la canción mexicana, el musicógrafo mexicano, Gabriel Saldívar dice que "es indudable que sus comienzos se remontan al siglo 16." [14] Afirma que

> Es seguro que los maestros de tañer y danzar del siglo 16
> enseñaban [en México] las canciones europeas importadas y
> componían otras a semejanza de aquéllas. La costumbre traída de
> España de dar músicas nocturnas, canciones de amores que los
> galanes usaban . . . [15]

Saldívar traza las posibles raíces y fondo histórico de la canción mexicana a documentos del siglo 16 que mencionan la costumbre de cantar los gallos con música, de cantar folías portuguesas, villancicos, cantos religiosos y coplas. Agrega Saldívar:

> Fue durante los siglos 16 y 17 que la canción mexicana tuvo su
> gestación, para aparecer como producción propia y característica
> desde la segunda mitad del siglo 17, . . . [16]

Durante el siglo 17 en México llegan también dos influencias que obran sobre la canción mexicana. La influencia "del lied alemán, especialmente con la introducción del piano-forte y su fabricación a cargo exclusivo de alemanes, . . . y [la influencia] de la romanza italiana." [17] Afirma Saldívar que "durante el siglo 18 se compusieron bellísimas canciones, tanto en la música como en la letra, las cuales permanecen en su mayoría ignoradas. . . " [18] Agrega una nota de interés para este estudio: "En pleno siglo 18 la canción cobra gran fuerza,

12 Adams y Keller 54.
13 "Canción," The New Grove Dictionary of Music and Musicians, 1980.
14 Gabriel Saldívar, Historia de la música en México (México: Secretaria de Educación Pública, Publicaciones del Departamento de Bellas Artes, 1934) 299.
15 Saldívar.
16 Saldívar 307.
17 Saldívar.
18 Saldívar.

debido a las influencias que recibe, especialmente las españolas, siendo las principales la tonadilla y el bolero. . . " [19]

En España, el repertorio de ópera italiana tuvo gran influencia en la canción española del siglo 19. La canción italiana de este siglo era casi enteramente operística. Había también canciones de salón, que por influencia de la ópera, estaban escritas en ese estilo. Estas canciones italianas eran muy populares y ejercían bastante influencia a través de toda Europa. Sin embargo, desde fines del siglo 19 en España, en las composiciones de los poetas Antonio y Manuel Machado y de Federico García Lorca, el término canción llegó a referirse a formas más populares de la canción. [20]

Igual que en la España del siglo 19, la influencia de la ópera y del romanticismo europeo en Latinoamérica fue muy significante. La musicóloga Yolanda Moreno Rivas describe detalladamente el ambiente musical, cultural y político mexicano del siglo 19 en el capítulo "La transición al Romanticismo" de su importante libro, Rostros del nacionalismo en la música mexicana. Señala una serie de influencias artísticas europeas en México durante el siglo 19:

> La abundancia de audiciones públicas, los recitales de artistas extranjeros, las temporadas de diferentes compañías de ópera, hablan, . . . de un grado de asimilación y de influencia de los estilos y formas propuestas por el romanticismo europeo. Pero fue la ópera la que ocupó un lugar preponderante. . . . El terreno estaba abonado para su florecimiento por la predilección que había de antemano por los géneros musicales teatrales. [21]

Respecto a la música de salón (mencionada en la Introducción del presente estudio) y a las canciones que se encuentran dentro de esta vertiente del romanticismo francés y alemán del siglo 19, Moreno Rivas observa que "Esta corriente recorrió Europa expresándose a través de obras menores para piano; "hojas de álbum", "lieder" o "chansons" para las veladas caseras." [22] Agrega una "definición discriminatoria" de la música de salón cuando explica:

> la "música de salón" no sería sino el resultado de la simplificación de un lenguaje culto y de alto nivel artístico que pretende

---

[19] Saldívar 308.
[20] "Canción".
[21] Yolanda Moreno Rivas, Rostros del nacionalismo en la música mexicana (México: Fondo de Cultura Económica, 1989) 70.
[22] Moreno Rivas 74.

inscribirse en la esfera de lo sublime; una música cortés y bien educada caracterizada por su falta de vitalidad. [23]

Moreno Rivas añade una nota relevante para este estudio cuando observa la influencia de la música de salón del siglo 19 que está presente aun en compositores cultos del siglo 20:

> Es interesante observar que los contenidos expresivos de la música de salón marcaron también el desarrollo de la música popular y comercial mexicana hasta mediados del siglo xx. Esta expresión intimista y culta surgió recurrentemente aun en nuestros autores más sobrios y menos sospechosos de sentimentalismo. . . . como "Bendición--A mi madre" (1918) de Carlos Chávez . . . . [24]

En Europa, después de 1910, la influencia de los compositores alemanes y franceses modernos que buscaban trabajar con estructuras nuevas se extendió por todo el continente europeo. Entre los más prominentes compositores alemanes y franceses se encuentran Schoenberg y Ravel, por ejemplo, que experimentaron con textos, tonalidades y orquestación con el propósito de crear obras que estuvieran fuera de las tradiciones establecidas anteriormente. Stravinsky creó nuevas estructuras y trabajó con textos japoneses. Distintos compositores europeos volvieron a descubrir el "lied" alemán del período romántico y "la mélodie" de Fauré. Otros, por influencia del húngaro Bartók, descubrieron nuevamente la música del repertorio "folk" de sus países nativos. [25]

En España, Italia y Latinoamérica la canción fuera de la ópera se desarrolló en nuevos repertorios. En Italia, los compositores volvieron a descubrir la música renacentista y en España y Latinoamérica descubrieron de nuevo, por influencia de Bartók, los rasgos característicos de la música nativa de sus propios países. Estos aires propios de su tierra española se encuentran, por ejemplo, en la música de Albéniz, Granados, de Falla [26] y Nin.

Respecto a los orígenes de la canción popular mexicana, Manuel M. Ponce opina lo siguiente en sus Escritos y composiciones musicales de 1917. Ponce indica que las formas desarrolladas de la canción posiblemente daten "tal vez de la segunda mitad del siglo XVIII y que sean principalmente de origen italiano, pues carecen de los tresillos y fermatas de los aires españoles, así como ... del

---

23 Moreno Rivas.
24 Moreno Rivas 75.
25 "Canción" 520.
26 "Canción."

estilo del lied alemán." [27]   Señala que la forma de la canción popular mexicana es la siguiente:

> La canción popular mexicana se divide en dos partes: en la primera se expone la frase francamente melódica, la cual termina en la misma tonalidad en que fue iniciada. La segunda está compuesta de dos compases que se repiten para completar la frase musical, y después el ritornelo, característico del final de la primera parte, termina la canción. Toda la belleza de estas pequeñas composiciones reside en la melodía, pues los acordes que deben emplearse para armonizar la canción son los naturales, sobre la tónica, la quinta y la cuarta de la tonalidad. [28]

Gerard Béhague indica que "Ponce escribió una gran cantidad de canciones, de las cuales unas veintiséis son arreglos de canciones folklóricas." [29]
Refiriéndose a las canciones clásicas de Ponce (incluidas en el primer capítulo del presente estudio), Béhague señala que "Sus mejores ciclos de canciones son "Tres Poemas de Mariano Brull", "Cuatro Poemas de Francisco de Icaza" y "Tres Poemas de Lermontow" y explica que esas canciones "completamente variadas en estilo, . . . resumen los diversos estilos cultivados por Ponce." [30]
Agrega que también "compuso unas sesentiocho canciones de carácter popular relacionadas con la tradición de música de salón." [31] Como anteriormente en su obra Béhague había explicado que los musicólogos y compositores mexicanos de música clásica habían repudiado como estéril la imitación de la música europea,

> La mayoría de los mexicanos ha mirado la producción de óperas y de música para piano en el siglo XIX como una estéril imitación de Europa. Comprensiblemente, los compositores del siglo XX tales como Chávez, Sandi y otros, han repudiado este período del arte musical en México, por su alejamiento de la cultura mexicana. Hasta un musicólogo mexicano, como Otto Mayer-Serra compartió ese punto de vista, estando dispuesto a hacer excepción solamente respecto de Villanueva y Elorduy, puesto que ellos con sus danzas

---

[27] "Canción," Enciclopedia de México, 1977.
[28] "Canción."
[29] Gerard Béhague, La música en América Latina (Caracas: Monte Avila Editores, C.A. 1983) 188.
[30] Béhague.
[31] Béhague.

abrieron el camino para Manuel M. Ponce, el padre del nacionalismo musical mexicano. [32]

Béjague explica de la siguiente manera la obra de Ponce que incluye canciones clásicas y de carácter popular asociadas con la tradicional "música de salón":

Esta aparente contradicción es fácilmente comprendida si uno recuerda que algunos de los más conocidos aires de la música popular mexicana ("Cielito lindo", "Las Mañanitas", "La Valentina"...) surgieron como una prolongación del estilo popular romántico del siglo XIX. [33]

La definición de la canción de Juan S. Garrido es más específica que la anterior de Ponce. Garrido explica lo siguiente sobre la forma de la canción:

Está basada en el ritmo, la melodía y la armonía. La melodía está construida en sentencias de ocho compases, con ideas distintas en cada sentencia, pudiendo repetirse una o dos de estas secuencias de ocho compases, . . . Para buscar la buena cuadratura de una canción, ésta debe someterse a las frases de ocho compases y tener en total 32 compases. Hay canciones con estribillos y esto aumenta el número de compases en ocho o dieciséis más, pudiendo tener una variación en la tonalidad o permanecer en el mismo tono original. .... La canción debe tener una introducción con los compases que el autor crea necesarios. Una canción escrita en esta forma se puede dividir en dos partes iguales, y pertenece a la llamada forma binaria. Una sentencia de ocho compases involucra generalmente dos frases o combinaciones distintas, que sirven para embellecer el sentido de la sentencia. [34]

Respecto a las fuentes de la canción mexicana, Garrido dice que la canción "bebió su primera inspiración en las complejas fuentes de la música española, puesto que esa fue la música que trajo a estas tierras la colonización ibera."[35] También agrega que "en el México independiente, a principios del siglo 19, el pueblo mexicano cantaba aún romances y coplas españolas."

Como se notó anteriormente, Garrido señala la importancia de1896 por haberse publicado en ese año en la casa Wagner y Levien de la Ciudad de México las danzas "Promesas" y "Ventanazos" del compositor Miguel Lerdo de

---

[32] Béhague 150-1.
[33] Béhague 188.   Ver también Julio Estrada, editor, La música de México. Periodo Nacionalista, México: Universidad Nacional Autónoma de México, 1984.
[34] Garrido 14.
[35] Garrido 15.

Tejada, "al que consideramos precursor de la canción romántica mexicana."[36] Explica Garrido que antes de 1896 "son escasos los ejemplares de canciones netamente mexicanas editadas entre el comienzo del siglo 19 y 1896." [37] Por otra parte, había en esos años muchas piezas de "música bailable y música de salón" [38] y muchas "canciones netamente españolas que se cantaban entonces." [39]

De las cuarenta y cuatro canciones de la compositora que se encuentran en el archivo Grever International, por consideraciones de espacio el presente trabajo estudia sólo doce en orden cronológico.

El intento de este estudio es observar que hay ciertas canciones de María Grever que están al alto nivel de "Júrame" debido al dominio y manejo de la composición musical y de la letra y que merecen ser consideradas en el repertorio de la música clásica para recitales al lado de las canciones de F. Paolo Tosti y Nin, por ejemplo. En esta categoría se pueden considerar canciones tales como "Tú, tú y tú," "Lamento gitano" y "Alma mía." La belleza lírica de la línea melódica, de la armonización y letra en estas piezas muestran un alto nivel de originalidad. Algunas de estas composiciones se cantaron en recitales y en giras artísticas. Otras fueron grabadas con orquesta por excelentes barítonos o tenores lo cual extendió su fama aún más. El público las acogió con cariño y pasaron al repertorio de la música tradicional latinoamericana.

"Tú, tú y tú"

Esta composición, publicada en 1927 por la casa G. Schirmer de Nueva York, es de forma binaria y consta de cuarenta y seis compases distribuidos de la siguiente manera. La primera parte, escrita en compás de 2/4 en mi menor, se compone de catorce compases divididos en frases AB con dos compases de introducción. La indicación del tiempo es Allegro, el matiz es mezzo forte. La línea vocal emplea tresillos, corcheas y doble corcheas en imitación de la voz al formular preguntas. Los tresillos le dan cierto aire español a la composición. La primera parte termina con un ritardando molto y modulación dentro del ciclo de quintas a Mi mayor con dos compases de puente a la segunda parte. La segunda parte comienza con cambio de metro a 3/4. Consta de 32 compases

---

[36] Garrido 12.
[37] Garrido 13.
[38] Garrido.
[39] Garrido 15.

con frases ABCD : ABEF. Como emplea los grados principales de la curva tonal, para enfatizar cambios en la idea del texto utiliza acordes en la relativa menor. La composición termina en Mi mayor.

El texto de "Tú, tú y tú" está dividido por la compositora en tres partes indicadas con números romanos I, II, III. Cada número romano corresponde a la primera parte de la composición y consta de dos partes divididas de la siguiente manera: dos cuartetas asonantadas con la rima cruzada en los pares abab. El verso de las cuartetas es hexasílabo dactílico o óoo óo con acentos en segunda y quinta [40]: "¿Quién fue la esperanza / de toda mi vida?" La originalidad de la pieza consiste en que la estructura de las seis cuartetas de cada número romano se compone de cuatro preguntas por la voz masculina a la mujer amada. Las coplas y las preguntas de los número romanos I y II, por ejemplo, son:

I
¿Quién fue la esperanza
de toda mi vida?
¿Y quién me juraba
que sólo era mía?
¿Quién fue mi alegría
y todo mi encanto?
¿Quién juró quererme
tanto, tanto, tanto?

II
¿Por quién he sufrido
las penas más duras?
¿Por quién he pasado
tantas amarguras?
¿Por quién he vivido,
en quién he soñado?
¿Y quién me ha mentido
y quién me ha engañado?

Cada número romano termina con la respuesta en pie trisílabo "tú, tú y tú!"

La respuesta extensa a las preguntas es la segunda parte invariable del texto que se repite después de cada número romano. Esta segunda parte consiste en dos cuartetas octosílabas polirrítmicas. La primera copla es consonante con

---

[40] Navarro Tomás 503-4.

rima cruzada ababa; la segunda es de rima asonantada abab. La última frase de la segunda parte es el trisílabo y título de la canción, "tú, tú y tú".

El esquema de la canción "Tú, tú y tú" es el siguiente:

```
                    El esquema de Tú, tú y tú"
                    Texto      Música
     (12) cuartetas    a  ----------------------------A
                       b
                       a
                       b   _____      A
                       a
                       b
                       a
                       b   _____      B

                       a   _____      A-----------B
                       b   _____      B
                       a   _____      C
                       b   _____      D
                       a   _____      A
                       b   _____      B
                       a   _____      E
                       b   _____      F
```

La belleza de esta composición consiste en la perfecta unión de cuatro elementos: la línea melódica, la letra, la armonización y el cambio de tonalidades de la primera a la segunda parte. Obsérvese además en conjunto el dominio del diseño tonal, los recursos expresivos del lenguaje romántico, el manejo del equilibrio y color armónico. En la primera parte, cada pregunta termina con un tresillo que coincide con el primer tiempo del compás y constituye una frase vocal. Un 'tenuto' marca la segunda sílaba ("fue") de la pregunta con la primera sílaba ("quién") en anacrusis como en el compás 3 al principio de la canción: "¿Quién fue . . . ?" y en el compás 5: "¿Y quién . . . ?" El tenuto acentúa y señala a la mujer amada a quien va dirigida cada pregunta. La última pregunta termina 'ritardando' para enfatizar "¿Quién juró quererme / tanto, tanto, tanto?" La modulación y ritardando (compases 10, 11) anticipa y es preparación para la respuesta en dominante ritardando molto, "tú, tú y" con el último "tú" en tónica de Mi mayor.

La segunda parte se caracteriza por la curva melódica de las frases. No sólo luce la voz del cantante sino que los versos del texto se unen perfectamente a la frase melódica delineada con belleza expresiva. Obsérvese en el Ejemplo1

Ejemplo 3. María Grever, "Tú, tú y tú", compases 39-42. Copyright 1927 por G. Schirmer, Inc. Utilizado con autorización de G. Schirmer, Inc. New York, NY 10003. International Copyright Secured. All Rights Reserved.

El bello fin expresivo "Tú, tú y tú" (compases 43-46) emplea ciclo de quintas con resolución en tónica de Mi mayor. El tiempo se acentúa y se alarga para dirigirse por última vez a la mujer amada. Este efecto se logra escribiendo cada monosílaba "tú" en blanca con puntillo para acentuar y prolongar la atención de la mujer amada. Cada monosílaba "tú" coincide con el primer tiempo de cada compás 43, 44, 45.

"Loca, loca"

Esta expresiva canción sensual se publicó en 1927 por la casa G. Schirmer. Está escrita en La bemol Mayor en forma binaria y consta de 51 compases. El metro es 2/4 con el tiempo Moderato. Hay varios grados de matices según la intensidad de los versos, desde piano hasta fortissimo. Emplea tresillos, pasajes cromáticos, calderones. La primera parte consiste en cuatro frases ABCD, compases 5-20. La segunda parte se compone de las frases A'A" BC (compases 21-35). Sigue un corto interludio de dos frases iguales (compases 36-43) con material de la primera parte. Las últimas frases (compases 44-50) continúan con el mismo material de las frases BC anteriores.

El texto se compone de dos cuartetos con rima aconsonantada cruzada ABAB:ABAB. El acento rítmico es endecasílabo enfático óoo óo óo oo óo con acentos en primera, sexta y décima [41]: "Yo me entregué a tus brazos loca, loca / Loca de amor y llena de ternura."

El esquema de "Loca, loca"

	Texto	Música
(2) cuartetos	A _____	A----------A
	B _____	B
	A _____	C
	B _____	D
	A _____	A'----------B
	B _____	A''
	A _____	B
	B _____	C
		A
		A {Interludio}
	A _____	B
	B _____	C

La belleza de la línea melódica con el tejido armónico acentúa la sensualidad intensa de los versos. En la primera sentencia de la primera parte, tresillos cromáticos ascendentes comienzan el arco de la frase que culmina expresivamente con la entrega de la mujer al ser amado: "Yo me entregué a tus brazos loca, loca" (compases 5-8), frase A. La siguiente frase B (compases 9-12) contrasta dos emociones. Comienza con corcheas y semicorcheas expresando movimiento y la intensidad del amor. Con un calderón y notas negras delinea y matiza un cambio sosegado en la mujer expresando ternura: "Loca de amor y llena de ternura." En la frase C (compases 13-16) los versos sensuales revelan la pasión y locura al sentir la mujer los besos del ser amado. Emplea la figura de tresillos cromáticos ascendentes culminando en sol bemol: "Más al sentir los besos de tu boca." La frase desciende con tresillos en la línea vocal y termina en blancas (compases 17-20) para subrayar "locura": "Fue tanta mi pasión que fue locura."

La segunda parte consiste de dos sentencias (compases 21-35) empleando tresillos, figuras rítmicas de corcheas y semicorcheas con puntillo dándole un aire de habanera. La armonización utiliza los grados principales más acordes de séptima dominante, modulaciones dentro del ciclo de quintas, alteración de intervalos menores a mayores. El punto culminante de la obra son los versos con sinalefa: "Pero no hay nada más hermoso en este mundo / Que un beso de

---

[41] Navarro Tomás 511.

tu boca aunque haga daño." La compositora lo prepara por medio de la frase B (compases 29-32) acelerando seis semicorcheas "Pero no hay nada más" para llegar a "hermoso" en sol bemol anticipando la siguiente frase. El clímax de la obra, frase C, comienza fortissimo con anacrusis en "que un" para alcanzar el punto culminante "beso" en la bemol. Después del interludio de ocho compases, la misma sentencia descrita anteriormente se repite rallentando para terminar la composición.

La pieza está elaborada con imaginación y con un dominio seguro del oficio. El lirismo controlado se apoya musicalmente en la bien definida armonía expresiva de la composición.

"Lamento gitano"

Esta canción, publicada en 1930 consta de sesenta compases distribuidos en cinco partes. Está escrita en do menor en compás de 6/8. El uso de quintillas al final de las frases le da el aire español de queja o tristeza propio del lamento gitano. Esta característica musical del cante jondo--el tono menor y el fraseo con quintillas--más la letra de esta canción, pintan un cuadro de amor fracasado. El último grito de la canción, "¡Gitana!", de la voz masculina llamándola es un grito desesperado, sin respuesta, lanzado en el vacío, pues ella no volverá. El hombre lo sabe y el público que escucha lo sabe.

El texto se compone de dos redondillas con rima consonante cruzada abab:abab. Termina con una quintilla con rima aabcb. El final es un eco trisílabo: gitana. El acento rítmico es octosílabo trocaico con el acento en las sílabas impares óo óo óo óo "Yo no sé por qué he nacido." [42] En las Partes II, III, IV hay variedad polirrítmica que expresa la tensión difícil de la relación personal entre el joven y la gitana.

El esquema de "Lamento gitano"

	Texto		Música	
(2 redondillas)	a	_____	A----------- I	
	b	_____	A	
	a	_____	B	
	b	_____	C	
	a	_____	A'----------II	
	b	_____	A"	
	a	_____	A---------- III	
	b	_____	B	

---

42 Navarro Tomás 505-6.

111

(1 quintilla)	a _____	A---------- IV
	a _____	
	b _____	B
	c _____	A----------V
	b _____	B
	a _____	Codetta

Un aspecto diferente en esta composición se observa al notar cómo la compositora dibuja el estado voluble, sicológico, del hombre. La letra y música--perfectamente ligadas--oscilan entre los sentimientos de amor, añoranza y odio. La música logra este efecto voluble por medio de cambios de menor a mayor entre las partes y dentro de las frases; la letra logra este efecto oscilando entre "te quiero tanto," "mi mente loca," "mujer....de mala entraña que se me fue" y "sin su amor me moriré." El cambio fuerte de amor a odio por parte del hombre hacia la mujer se nota en la Parte IV (compases 41-48), Ejemplo 4. El hombre llama a la mujer "gitana" utilizando el adjetivo impersonal para reducirla a un nivel bajo, servil, y agrega: "mujer extraña / de mala entraña que se me fue." La frase "que se me fue" implica posesión y rabia varonil al ver escurrírsele de entre las manos lo que tenía atrapado. Este "que se me fue" situa a la gitana en la mente del hombre en un nivel inferior-- del cual ella huyó.

Ejemplo 4. María Grever, "Lamento gitano," compases 41-48. Copyright 1930 por Southern Music Publishing Co., Inc. Utilizado con autorización de Grever International, S.A.

Los tenores Alfonso Ortiz Tirado y Juan Arvizu dieron fama internacional a esta canción en sus giras artísticas y grabaciones.

"Te quiero, dijiste"

Esta canción, publicada en 1930, es de forma binaria y consta de sesenta y un compases. Está escrita en compás de 4/4 en Sol Mayor. El matiz es "piano" y la segunda parte está escrita "lento." La armonización utiliza los grados principales más acordes de séptima dominante, acordes cromáticos de paso y acordes dentro del ciclo de quintas. En la primera parte la autora emplea tresillos sincopados al narrar el encuentro con la persona amada.

El texto consta de cinco cuartetas, asonantadas la primera y versos sueltos las otras. En las dos cuartetas de la primera parte, el verso es hexasílabo dactílico con acentos en segunda y quinta o óoo óo [43] "Te quiero, dijiste / tomando mis manos." En las tres restantes cuartetas de la segunda parte, el verso es hexasílabo trocaico con acentos en las sílabas impares óo óo óo [44] "Muñequita linda / de cabellos de oro."

En la segunda parte, la combinación de la melodía, la letra y el ritmo repetido--marcado "lento"--producen un efecto arrullador, tranquilo, íntimo. Ejemplo 5, compases 26-31:

Ejemplo 5. María Grever, "Te quiero, dijiste," compases 26-31. Copyright 1930 por Peer International Corp. Utilizado con autorización de Grever International, S.A.

D.R. © Copyright 1930 by Peer International Corporation.

La línea melódica de la segunda parte se apoya en acordes de tónica y superdominante que forman el ritmo repetido de fondo desde el compás 26 al 41. La canción termina con la melodía inicial y el mismo ritmo repetido.

---

[43] Navarro Tomás 503-4.
[44] Navarro Tomás 503.

Esta canción la hizo famosa el tenor Alfonso Ortiz Tirado por todo el continente latinoamericano en sus giras artísticas y grabaciones. Innumerables cantantes--hombres y mujeres--la siguieron cantando a través de los años y aún en el manicomio, como se notó anteriormente en el Capítulo II, se tocaba para calmar a los pacientes. Hasta Corea llegó la canción. Prueba de esto es la señora Sun Ye Cha de 45 años de edad que ha vivido en Corea toda su vida. No sabe español y apenas sabe inglés pero conoce esta canción. Al escucharla inesperadamente en el piano de mi casa recientemente, se sorprendió porque la reconoció; sonrió y la cantó con el poco español que pudo. O sea, que la canción dio la vuelta al mundo y el público la acogió y la cantó, atraído quizás por la calma, la dulzura y la ternura que evoca su música y la letra.

"Te quiero, dijiste" pinta un retrato idealizado del amor y de la mujer. El hombre enamorado describe a la joven físicamente ' perfecta ' como una muñeca: "Muñequita linda / de cabellos de oro / de dientes de perla / labios de rubí" con "manitas de blanco marfil." El diálogo de amor entre ambos es "dime si me quieres / como yo te adoro" , "sí, te quiero mucho . . . siempre hasta morir." Es posible que la combinación de insistencia en el amor perdurable, el arrullo de los acordes repetidos y la línea melódica le dio a la canción un elemento de permanencia que atrajo al público. Recuerda el Dr. Ortiz Tirado en su <u>Diario de un cantante</u> que en recepciones y conciertos por América del Sur le pedían repetidamente que cantara "Te quiero, dijiste."

"<u>Alma mía</u>"

Esta canción se publicó en 1931. Es de forma binaria escrita en compás 3/4 en Do Mayor y consta de cincuenta y un compases distribuidos de la siguiente manera. La primera parte se compone de quince compases divididos en frases ABAC con cuatro compases de introducción. La indicación del tiempo es allegretto, el matiz es piano. La línea vocal emplea corcheas y doble corcheas en estilo recitativo, silábico. La segunda parte consta de treinta y dos compases divididos en sentencias AABC:ABCD. La compositora usa progresiones dentro del ciclo de quintas, acordes disminuidos y acordes menores que realzan la sencillez de la línea melódica.

En la primera parte, el texto recitativo se compone de seis versos blancos heptasílabos en su mayoría; un decasílabo y un dodecasílabo ambos con hemistiquio. La segunda parte consta de dos cuartetos dodecasílabos de

7-5 [45] con rima consonante AABB:AABB. El tema de la composición es la esperanza en el amor.

La razón por la que esta canción tuvo la inmediata aceptación del público es por el efecto que produce escuchar el canto íntimo de amor--supuestamente secreto--del pensamiento. Al escuchar "Alma mía," el público se identifica inmediatamente con el "yo" de la letra y lo hace personal, borrando así la presencia de la compositora. Este efecto ocurre debido a que en los versos de la primera parte, aunque la poeta se dirige a su alma y la describe, no solamente describe su alma sino que está describiendo el alma de la mayor parte de la humanidad. Los versos aluden a la falta de amor, a la soledad y a la incomprensión íntima entre personas amadas al cantar: "alma mía, sola siempre sola / sin que nadie comprenda tu sufrimiento.../ fingiendo una existencia siempre llena / de dicha y de placer." La primera parte termina con acordes de la menor y de séptima dominante con modulación a Do Mayor para el comienzo de la segunda parte.

La letra y música de la segunda parte cautivaron inmediatamente al público latinoamericano. El Dr. Ortiz Tirado incluía esta canción en sus conciertos por América Latina y en sus grabaciones, haciéndola famosa por todo el continente. Esta segunda parte canta a la esperanza inherente en cada persona de encontrar a la persona amada: "si yo encontrara un alma como la mía.../ un alma que al mirarme sin decir nada / me lo dijese todo con la mirada." Obsérvese el perfecto acoplamiento en toda la segunda parte del verso dodecasílabo 7-5 con la frase musical, compases 20-23, Ejemplo 6:

Ejemplo 6. María Grever, "Alma mía," compases 20-23. Copyright 1931 por Peer International Corp. Utilizado con autorización de Grever International, S.A.

---

45 Navarro Tomás 514.

La compositora prepara el final de la canción con una serie de acordes del ciclo de quintas, acordes disminuidos y menores. La tensión atrayente de los últimos tres versos comienza en el compás 40 con acordes repetidos de intervalos disonantes en séptima dominante subrayando el verso "que al besarme sintiera lo que yo siento" hasta la resolución en Fa Mayor. La armonización pasa a re menor con quinta disminuida para acentuar la pregunta del penúltimo verso: "y a veces me pregunto, ¿qué pasaría?" con resolución en la menor, compases 44-46. Enlazan la última frase acordes de La Mayor a re menor enfatizando la curva armónica con un calderón en sol "si yo encontrara un alma." La curva pausa, desciende y se enlaza nuevamente con acorde de sol a re sostenido de quinta aumentada para subrayar "como la mía", compases 47-51, Ejemplo 7:

Ejemplo 7. María Grever, "Alma mía," compases 47-51. Copyright 1931 por Peer International Corp. Utilizado con autorización de Grever Internacional, S.A.

El público--femenino y masculino--se identificó rápidamente con esta canción que habla del anhelo del corazón humano. María Grever recordaba, como se anotó anteriormente, que las personas le escribían preguntándole: "¿Cómo sabe Ud. lo que yo siento? ¿Lo ha vivido?" María Grever en esta canción enlaza dos realidades humanas casi opuestas: (a) el deseo, la esperanza, de encontrar "un alma como la mía" y (b) la certeza de lograr encontrarla. Son realidades opuestas porque, como es sabido, rara vez coinciden. Sin embargo, aún sabiéndolo, la esperanza no muere. María Grever recoge este sueño íntimo, lo dibuja con sus versos y cada persona del auditorio se ve en ellos, en la realidad deseada. Los versos crean la ilusión soñada de dos almas afines que al encontrarse se contarán "cosas secretas." Especialmente emotivos son los versos que describen la mirada entre estas dos almas. Los ojos, la ventana del alma, sin decir nada se dirán ' todo ' : "un alma que al mirarme sin decir nada/me lo dijese todo con su mirada," compases 28-34. La composición termina con la pregunta abierta hacia el futuro: "¿qué pasaría? / Si yo encontrara un alma como la mía," ? compases 44-51.

116

"Por si no te vuelvo a ver"

El tenor Juan Arvizu hizo famosa esta canción que se publicó en 1931 por Southern Music Publishing Company de Nueva York. Está escrita en forma binaria y consta de cuarenta y cinco compases dispuestos en el siguiente orden. La primera parte, escrita en compás de 2/4 en sol menor, se compone de veinte compases divididos en frases musicales A'BA"C con cuatro compases de introducción. La línea vocal es silábica y emplea doble corcheas en su mayor parte. La primera parte termina rallentando molto con doculación por ciclo de quintas a Sol Mayor. La segunda parte en Sol Mayor está escrita en compás partido lo cual acelera el ritmo y enfatiza el motivo cromático repetido orquestal. Este acompañamiento da realce a la línea vocal. Las sentencias musicales de la segunda parte son A'BA"CD.

El texto de la primera parte se compone de dos cuartetas con rima consonante cruzada AB'AB'. Los versos impares son endecasílabos; los pares, agudos, fluctuan de doce a quince sílabas. Cada par de versos equivale a una frase musical, como está indicado en el siguiente esquema.

La segunda parte del texto consta de dos sextillas agudas: aaé:bbé:ccé:ddé [46]. El acento rítmico es octosílabo trocaico óo óo óo óo con acentos en las sílabas impares: "la de los ojazos negros / la de boca tan bonita / la de tan chiquito el pie." Cada terceto de las sextillas, excepto el último terceto, equivale a una frase musical, como se indica en seguida:

El esquema de "Por si no te vuelvo a ver"

	Texto	Música	
(dos cuartetas)	A	-------	Parte I
	B' _____	A'	
	A		
	B' _____	B	
	A		
	B' _____	A"	
	A		
	B' _____	C	

---

[46] Navarro Tomás 540.

```
( dos sextillas agudas )    a              ------- Parte II
                            a
                            e' _____      A'
                            b
                            b
                            e' _____      B
                            c
                            c
                            e' _____      A"
                            d
                            d
                            e' _____      D
```

El último terceto/frases musicales C, D preparan el fin de la canción emempleando dos elementos musicales simultáneos: (1) el uso de blancas y notas ligadas al final de cada verso para disminuir el tiempo junto con (2) el cambio repentino a subdominante en do menor pasando a tónica de Sol Mayor seguido por modulaciones dentro del círculo de quintas. Estos acordes captan la atención, realzan la curva armónica, apoyan la línea vocal y apuntan hacia el final. Así, el primer verso del último terceto equivale a la frase musical C, compases 36-39, "Deja que con ilusión lo-ca." El segundo verso del terceto, compases 39-40, "te dé un beso en esa bo-ca" y el último verso "por si no te vuelvo a ver," compases 41-42, equivalen a la frase musical D, fin de la segunda parte.

Esta composición, particularmente la segunda parte, tiene gracia lírica y un tejido rítmico orquestal bien definido con fragmentos intercalados de pasos cromáticos. El ritmo rápido y fluido le da un efecto refrescante de aire español a la línea melódica. La originalidad y el dominio del oficio se notan en el conjunto de la pieza. La popularidad que gozó esta canción se debe también, además de la gracia melódica, del texto y apoyo orquestal, a la excelente presentación que le dieron inicialmente los tenores Juan Arvizu y el Dr. Ortiz Tirado. Como se anotó anteriormente, la compositora les ensayaba sus canciones a los cantantes antes de su presentación en conciertos y grabaciones. Se supone pues que la interpretación de esos dos tenores que todavía se conserva en grabaciones era la de María Grever.

"Cuando me vaya. . . "

Canción famosa por su letra y música, "Cuando me vaya," fue publicada en 1932. Se compone de treinta y ocho compases distribuidos de la siguiente manera. La forma es binaria con una introducción de tres compases. La primera parte, escrita en compás de 4/4, consta de diez y seis compases en Fa Mayor divididos en frases AB'AB". El estilo es recitativo con las indicaciones Moderato, expressivo, Lento. Emplea tresillos en la línea vocal para enfatizar el mensaje del texto. El acompañamiento es sencillo con acordes disminuidos alternados con los de progresión normal. La segunda parte en Fa Mayor está compuesta en 4/4. Emplea tresillos en la línea vocal para enfatizar el final de los versos agudos "cuando me vaya por mí llorarás / y estando a solas quizá te dirás." Usa acordes de 7a y 9a dominante, cambios de acordes mayores a menores y ciclo de quintas en preparación para el final, compases 32-38.

El texto consta de cinco cuartetos endecasílabos . La primera parte se compone de un cuarteto polirrítmico ABAA. La segunda parte consta de dos cuartetos aconsonantados AABB:ABAB. El acento rítmico es endecasílabo dactílico ooo óoo óoo óo con acentos en cuarta, séptima y décima: "cuando me vaya por mí llorarás / y estando a solas quizá te dirás / que injustamente la hice sufrir / si por mis celos sentía morir." En esta segunda parte, dos versos equivalen a una frase musical, como se observa a continuación. La segunda parte se repite con el tercer cuarteto recitado, según indicación de la compositora, y el cuarto cuarteto cantado.

El esquema de "Cuando me vaya . . . "

Texto		Música	
A		A--------	Parte I
B	_____	B'	
A	_____	A	
A	_____	B"	
A		----------	Parte II
A	_____	A'	
B			
B	_____	B	
A			
B	_____	A"	
A			
B	_____	C	
A	_____	D	

Los cambios de acordes de 7a y 9a dominante a menores y mayores, compases 32-38, Ejemplo 8, marcados mezzo forte a fortissimo, subrayan con su disonancia la curva armónica y enfatizan la letra insistente de la mujer al hombre: "dentro de tu alma quizá sentirás / los mismos celos que me hiciste pasar." El último verso termina con el tema de la canción "cuando me vaya sé que por mí llorarás."

Ejemplo 8. María Grever, "Cuando me vaya . . . ," compases 32-38. Copyright 1932 por Peer International Corporation. Utilizado con autorización de Grever International, S.A.

La voz femenina al alejarse expresa el fuerte amor que existía entre ambos, un amor ahora frustrado por los celos del hombre. Dirigiéndose a él en la cuarta estrofa le habla con certeza del "vacío en tu alma que no llenarás" aun cuando él esté con otras mujeres. La poeta insiste "si a otras miras a mí me verás /y si las besas, en mí pensarás."

María Grever solía cantar esta canción en sus conciertos. A través de los años, tenores y barítonos le dieron fama a esta canción en excelentes grabaciones y en programas por todo el continente latinoamericano.

"Cuando vuelva a tu lado"

Esta canción ganó fama rápidamente por América Latina igualmente que en los Estados Unidos al cantarla en inglés Frank Sinatra y Bing Crosby, entre otros. Stanley Adams la tradujo al inglés con el título "What A Difference A

Day Made." La letra en inglés es trivial y enteramente diferente a la original en español, como se ha anotado anteriormente. "Cuando vuelva a tu lado," publicada en 1934, es de forma binaria en Fa Mayor con cuarenta y cuatro compases dispuestos de la siguiente manera. La primera parte, compuesta en 4/4 Lento piano, con dos compases de introducción, consta de ocho compases divididos en sentencias AB. La línea vocal, de carácter recitativo, silábico, consiste en corcheas y negras. La progresión de acordes es la normal con acentos disminuidos y acordes de séptima dominante.

El éxito de la segunda parte se debe a la combinación de varios elementos característicos de María Grever que atrajo el gusto inmediato del público. Estas características son, por ejemplo, (a) la progresión de acordes de novenas y séptimas menores, acordes mayores y disminuidos que realzan el contorno melódico de la línea vocal; (b) el uso de tresillos sincopados, corcheas y blancas en la línea melódica para delinear un ritmo suave, pausado al final del verso; y (c) la letra sensual e íntima de una mujer dirigiéndose al hombre que ama. Sobre todo, se nota la originalidad y el control del oficio en el manejo del color armónico y de la sensibilidad melódica, ambos elementos enlazados con el texto romántico.

El texto se compone en la primera parte de un cuarteto y en la segunda parte de cuatro cuartetas. Los versos son asonantes ABCB en el primer cuarteto. El primer verso es alejandrino trocaico con dos hemistiquios heptasílabos "¿Recuerdas aquel beso, que un día me negaste?" Los restantes tres versos son endecasílabos melódicos "se escapó de tus labios sin querer."

El texto de la segunda parte se compone de cuatro cuartetas asonantes de versos heptasílabos. La primera cuarteta es de versos heptasílabos dactílicos oo ó oo óo "cuando vuelva a tu lado," con rima abac. La segunda cuarteta es de versificación heptasílaba trocaica o óo óo óo "no me preguntes nada," con rima abbc. La tercera cuarteta regresa al heptasílabo dactílico "cuando vuelva a tu lado." El coro se repite y la última estrofa heptasílaba emplea versos sueltos.

El esquema de "Cuando vuelva a tu lado"

	Texto	Música
(un cuarteto)	A	---------- Parte I
	B _____	A
	C	
	B _____	B

(cuatro cuartetas)	a		---------- Parte II
	b	_____	A
	a		
	c	_____	B'
	a		
	b	_____	C
	b		
	c	_____	D
	a		
	b	_____	A
	b		
	c	_____	B"
	a		
	b	_____	E
	a		
	c	_____	F

Obsérvese el enlace de cambios de acordes, la letra sensual y la curva armónica en el último pasaje de la pieza, Ejemplo 9, compases 35-44.

Ejemplo 9.   María Grever, "Cuando vuelva a tu lado," compases 35-44. Copyright 1934 por Edward B. Marks Music Corporation.   Utlizado con autorización de Grever International, S.A.

"Rataplán"

Esta canción es diferente a las anteriores con respecto al tema y estilo fúnebre. El tema es sobre los pensamientos de un soldado ante la muerte en la guerra escritos en una carta a su madre. La pieza fue compuesta en 1936 y publicada por G. Schirmer. Consta de setenta y siete compases con cambios de compás de 2/4 a 6/8. La introducción en 2/4, de cuatro compases "alla marcia," es un redoble de tambor escrito con cuatro apoyaturas rectas staccato, (compases 1-4, Ejemplo 10) que apuntan al estribillo en fa menor. El estribillo consta de una frase musical (compases 5-9, Ejemplo 10) con la onomatopeya "rataplán" en doble corcheas repitiendo el redoble del tambor. Este estribillo se encuentra también al final de la primera y segunda parte.

Ejemplo 10. María Grever, "Rataplán," compases 1-9. Copyright 1936 por G. Schirmer. Utilizado con autorización de G. Schirmer, Inc. New York, NY 10003. International Copyright Secured. All Rights Reserved.

Las secciones musicales de la pieza están dispuestas de la siguiente manera: Parte I frases AB; Parte II ABAB; Parte III AABC; Parte IV ABC. La Parte I en fa menor, está escrita en 6/8 Andante. Los acordes de negras y corcheas apoyan la voz masculina que canta en una misma nota silábica "Monótono sonido, me hiere el alma al pensar." La armonización es la tradicional. La Parte II en 6/8, compases 24-38, emplea arpeggios en Fa Mayor en los grados básicos de la escala. El matiz es "mezzo forte sostenuto con espressione." Los arpeggios semejan el acompañamiento de las arias europeas de fines de siglo 19. El joven soldado se dirige a su madre en la carta: "Madre mía . . . estas líneas. . . " La Parte III escrita en 2/4 en fa menor, compases 47-62, lleva la indicación "declamando." Unicamente acordes staccato acompañan la voz masculina que se prepara para la muerte. La línea vocal es rígida y precisa como los acordes. Se efectua una modulación por ciclo de quintas a Do Mayor para enlazar con la última parte. La Parte IV en Do Mayor, frase A (compases 63-69), escrita "fortissimo," se compone sólo de acordes sólidos, sincopados. En la frase B, compases 67-70, marcado "fortissimo largamente," continúan los acordes pesados de corcheas acentuando cada sílaba de la línea vocal. La pieza termina en Do Mayor con cadencia armónica.

El texto se compone de un estribillo y tres estrofas dispuestas del siguiente modo. El estribillo consta del trisílabo agudo "rataplán" repetido tres veces acoplado a la frase musical, Ejemplo 10. La primera estrofa es una redondilla de rima consonante cruzada abab. La segunda estrofa es un cuarteto con rima consonante abrazada ABAB con combinación de endecasílabos los versos pares y decasílabos los impares. La última estrofa es un conjunto de seis versos dodecasílabos con rima consonante AABCBC.

El esquema de "Rataplán"

	Texto	Música	
	estribillo	_____ A	
(una redondilla)	a	------------------------- Parte I
	b'	_____ A	
	a		
	b'	_____ B	
	estribillo	_____ A	
(un cuarteto)	A	_____ A-------- Parte II
	B'	_____ B	
	A	_____ A	
	B'	_____ B	

```
( un sexteto )        A  _____    A --------- Parte III
                      A  _____    A
                      B  _____    B
                      C  _____    C
                      B  _____    A --------- Parte IV
                         _____    B
                      C  _____    C
```

En la primera estrofa el joven soldado en el campo de guerra expresa el dolor de saberse olvidado por los que aun pueden gozar la vida lejos del peligro de la guerra: "me hiere el alma al pensar/que vivo en el olvido/de aquel que aun puede gozar." En la segunda estrofa, que es la carta a la madre, el soldado lamenta el haber dejado a su madre y le asegura no olvidarla. En la tercera estrofa, el soldado está frente a la muerte, cercado por la muerte: "los tambores redoblan a muerte/y estoy entre heridos y cuerpos inertes." Le asegura a la madre que "quiero que tú sepas, si llego a morir/que perdí la vida pensando en ti." El joven soldado se prepara para la muerte y se despide de la madre, compases 63-74: "Madre, madre mía, no llores por mí/muero por mi Dios, por mi patria, por ti." En esta última parte, compases 63-74, Ejemplo 11, los acordes pesados, "fortissimo," le dan un carácter patriótico, enfático a la pieza en vez de un aire triste o débil frente a la muerte:

Ejemplo 11. María Grever, "Rataplán," compases 63-74. Copyright 1936 por G. Schirmer. Utilizado con autorización de G. Schirmer, Inc. New York, NY 10003. International Copyright Secured. All Rights Reserved.

"Rataplán" se presentó en público, como se observó en el Capítulo II, en el recital del 9 de enero de 1930 en el Anfiteatro de la Preparatoria de la Ciudad de México. Está incluido en la lista de canciones del programa del Dr. Ortiz Tirado. No encontré otras reseñas, programas o artículos que indicaran si "Rataplán" se presentó en otros recitales o si se grabó en disco.

Album. "Six Songs by María Grever"

El álbum de seis canciones con el título Six Songs by María Grever, publicado en 1946 por Portilla Music Corporation de Nueva York, consta de canciones de solo en las cuales el trabajo esmerado en el diseño del acompañamiento para piano es evidente en el sentido de que aparecen varias cualidades de textura no empleadas anteriormente. Por ejemplo, aunque la compositora continúa el uso de la síncopa y de séptimas y novenas en el sostén armónico, emplea nuevos motivos rítmicos y temas para nuevas estrofas. Esto último produce una evolución más libre de estrofas lo que conduce a una forma ternaria en la mayoría de estas canciones. Hay un regreso a motivos españoles en dos de estas canciones, "Atardecer en Espana" y "Qué bonita," con su marcado carácter rítmico, su gracia y aire español. Las otras cuatro canciones del álbum son "¿Por qué?," "No espero nada de ti," "Despedida" y "¿De dónde?" La nota al pie de la cubierta indica que Portilla Music Corporation también publicaba la partitura orquestal de estas seis canciones. Como se anotó anteriormente, esa compañía dejó de existir y no fue posible conseguir ninguna de estas partituras. Tampoco tengo programas o reseñas que indicaran dónde y cuándo se cantaron estas canciones. Por falta de espacio, sólo se estudiarán aquí dos canciones de este álbum: "Despedida" y "¿De dónde?"

"Despedida"

Esta canción está escrita en forma ternaria y consta de cincuenta y seis compases ordenados de la siguiente manera. Parte I se compone de sentencias AB'AB"C; Part II ABC'C"; Parte III ABC. La pieza está escrita en compás de seis octavos Andante con moto en re menor, con cuatro compases de introducción. Mantiene la fórmula métrica básica de tresillos a través de la composición lo cual contribuye a darle un movimiento uniforme de carácter triste, sosegado. Emplea resoluciones de tono menor al relativo mayor por terceras (por ejemplo, de re menor a Fa Mayor). Continúa el uso de séptimas y novenas para sostén armónico característico de la compositora especialmente como énfasis hacia el final de una parte y enlace a la siguiente. La segunda parte, en tono de la menor, emplea el ciclo de quintas, cambios de mayor a menor y repentinamente acordes disminuidos que aumentan el carácter de tensión. La tercera parte usa motivos de la primera parte pero con acordes marcados forte para subrayar el texto insistente "Vuelve otra vez a mi lado/No te alejes de mí," tema de la pieza.

El texto de la primera parte consta de dos cuartetas de versos heptasílabos polirrítmicos con rima asonante ab'ab':abab. Esta parte termina con un par de versos sueltos (ø) heptasílabos mostrando una nueva inclinación hacia un variado conjunto de combinaciones. En la segunda parte emplea una cuarteta de dos versos octosílabos sueltos los impares combinados con dos bisílabos agudos en los versos pares:

> Hoy en mi cruel soledad
> fatal,
> Viene tu imagen a mí
> sensual.

Los bisílabos agudos "fatal" y "sensual" equivalen a dos compases y medio de extensión en la sentencia musical. La segunda parte termina con dos versos octosílabos con rima consonante aa. La tercera parte se compone de una cuarteta de versos heptasílabos con rima consonante cruzada abab. Aunque la versificación del texto oscila entre heptasílabos y octosílabos, la métrica está perfectamente acoplada a la medida de las notas de cada frase musical.

El esquema de "Despedida"

Texto	Música	
a	---------- Parte I	
b'	A	
a		
b'	B'	
a		
b	A	
a		
b	B"	
(versos blancos)	ø	
	ø	C
	ø	A-------- Parte II
	a	(extensión)
	ø	B
	a	(extensión)
	a	C'
	a	C"
	a	A-------- Parte III
	b	
	a	B
	b	C

"¿De dónde?"

Esta fina canción que forma parte del álbum de seis canciones fue publicada en 1946. El efecto dulce, triste de la pieza se debe a la textura del sostén armónico de séptimas y novenas, acordes augmentados, pasos cromáticos, figuras sincopadas y una línea melódica expresiva. La pieza, escrita en Mi bemol Mayor, se compone de sesenta compases divididos en cinco partes organizadas de la siguiente manera: A'B'A"B": ABC: AB: AB: A. Está escrita en compás partido con indicaciones Allegretto, con Grazia, Piano dolce. La belleza de la segunda parte en re menor reside particularmente en la combinación de acordes dentro del ciclo de quintas que utiliza motivos cromáticos para enlazar acordes mayores, menores, de séptima y novena. Esta armonización (Ejemplo 12, compases 23-30), produce un efecto tenue, intangible, sensual.

Ejemplo 12. María Grever, "¿De dónde?", compases 23-30. Copyright 1946 por Portilla Music Corporation. Utilizado con autorización de Grever International, S.A.

La tercera parte regresa al material de la primera parte en Mi bemol Mayor. La cuarta sección emplea nuevo material temático en la frase A con acordes dentro del ciclo de quintas. La frase B utiliza fragmentos de la primera parte para enlazarse con la última quinta parte y el tema inicial.

El texto está compuesto de seis estrofas octosílabas con versos sueltos (ø) la mayor parte dispuestos del siguiente modo. La primera parte consta de dos redondillas con rima consonante cruzada abab:abab. La segunda parte consiste en un conjunto de seis versos sueltos con rima consonante sólo en el primer, tercer y sexto verso. La tercera y cuarta parte son cuartetas octosílabas de versos sueltos. La quinta parte es un pareado de versos sueltos.

El esquema de "¿De dónde?"

Texto	Música	
a	------------------------	Parte I
b	A'	
a		
b	B'	
a		
b	A"	
a		
b	B"	
a	------------------------	Parte II
ø	A	
a		
ø	B	
ø		
a	C	
ø	------------------------	Parte III
a	A	
a		
ø	B	
ø	------------------------	Parte IV
a	A	
ø		
a	B	
ø	------------------------	Parte V
ø	A	

El enlace de la letra y la textura armónica es relevante porque teje un bello nivel sicológico que casi esconde el resultado del fracaso amoroso. El tema principal es, aparentemente, "¿De dónde vendría el amor?" pero en realidad el tema fundamental es el dolor humano que tras la pérdida del amor, queda escondido, en este caso, bajo capas de música. El efecto triste, sicológico, no se percibe hasta la Parte IV de la canción. Por ejemplo, la estrofa inicial presenta la ilusión ingenua que la joven tiene del amor: lo ve llegar "con un baul de pasión/y una canasta de besos." La bien dibujada Parte II canta del encuentro con el amor. En la Part III se observa el primer indicio de fracaso y desilusión al decir la voz femenina "Tú te llevaste el baul/y la canasta de besos" mientras la música apacible continúa su curso normal semejando un paralelo a la indiferencia circundante de la vida real. En el nivel sicológico se nota, sin embargo, el sentimiento de decepción, de duda e inseguridad de la joven después del idilio al pensar "y quizá sería por eso/o por la casualidad...." La voz femenina, viendo tristemente el resultado de la realidad, concluye: "y me quedé con las penas/los dolores y el olvido." Con matices pianissimo y perdendoso (Ejemplo 13 compases 54-57), la última frase pregunta: "¿De dónde vendría el amor?/¿De dónde?"

Ejemplo 13. María Grever, "¿De dónde?" , compases 54-57. Copyright 1946 por Portilla Music Corporation. Utilizado con autorización de Grever International, S.A.

El álbum, Six Songs by María Grever, colección de composiciones que datan de 1946, muestra seis diferentes estilos de canciones del último período de su vida. Es importante tener presente, sin embargo, que este álbum es sólo una muestra de su trabajo. Durante este período componía otras canciones con diferentes tipos de armonización y variedad rítmica. También escribía boleros durante esta época.

"La última canción de María Grever"

Esta canción fue la última que compuso María Grever, ya enferma, antes de su muerte, según su hijo, Carlos Grever. Fue publicada en 1950 por Golden Sands Enterprises, casa editorial de Carlos Grever.

Consta de noventa y dos compases divididos en cuatro partes. La Parte I, compases 5-28, contiene seis sentencias diferentes. La Parte II, compases 29-60, consta de ocho sentencias divididas de la siguiente manera: AB'CDAB"CA. La Parte III, compases 61-76, consta de sentencias A'A"BC. La Parte IV, compases 77-92, se compone de sentencias A'BCA". Respecto al sostén armónico, es interesante observar que no es el que normalmente empleó la compositora en sus obras anteriores. Además de haber algunos errores, posiblemente de imprenta, la progresión de acordes y el estilo de escribirlos es diferente al que se observa en el resto de su obra anterior. Es posible que debido a su estado grave de salud, haya dictado la armonización y otra persona la haya escrito bajo dirección de la compositora. Esto quizás explicaría el tipo de acompañamiento no empleado por ella anteriormente. Las frases musicales de esta canción carecen del cuidado característico de María Grever que ella empleaba en la selección y enlace de acordes y sus inversiones para crear un arco armónico de fluidez lírica. Está ausente el dominio característico de ella en el tejido expresivo de la armonización. Obsérvese, por ejemplo, la rigidez armónica y la combinación de acordes en los compases de la Parte I, Ejemplo 14:

Ejemplo 14. María Grever, "La última canción de María Grever," compases 13-23. Copyright 1950 por Golden Sands Enterprises. Utilizado con autorización de Grever International, S.A.

La incongruencia de acordes se nota también en las Partes II, III y IV. Por ejemplo, obsérvese la frase D, compases 43-45 y la frase A, compases 48-49 de la Parte II en el Ejemplo 15:

Ejemplo 15. María Grever, "La última canción de María Grever," compases 43-45; 48-49. Copyright 1950 por Golden Sands Enterprises. Utilizado con autorización de Grever International, S.A.

En La Parte III, la incongruencia de acordes ocurre en los compases 71-76, Ejemplo 16:

Ejemplo 16. María Grever, "La última canción de María Grever," compases 71-76. Copyright 1950 por Golden Sands Enterprises. Utilizado con autorización de Grever International, S.A.

El texto se compone de una sexteta y cuatro cuartetos endecasílabos. Los versos son sueltos en su mayoría con asonancia variada. El tema es el idilio de una pareja en el baile. No tengo ninguna indicación para saber si esta canción se cantó en público.

VII. EL BOLERO

En el archivo Grever International de la Ciudad de México se encuentran diez composiciones con indicación de "bolero" y "canción bolero" con letra y música de María Grever que datan de 1941 a 1948. El presente trabajo es un intento de estudiar en orden cronológico la forma musical y el texto poético de cuatro boleros de María Grever con el propósito de observar la unión perfecta de la música y letra en la estructura de las obras. Estos boleros son: "Volveré," "Si nuestro amor," "Así" e "Inquietud."

Antes de examinar estas piezas, es interesante considerar brevemente algunos datos históricos que trazan las raíces y la evolución del bolero.

El bolero

Según los musicólogos, la popular danza española y canción llamada "bolero" hace su primera aparición en España a fines del siglo 18 y permanece allí durante el resto del siglo 19. El bolero español está escrito en metro de 3/4 y, según la tradición, el bailarín Sebastián Cerezo la inventó alrededor de 1780. Todavía se baila en Andalucía, Castilla y Mallorca. [1]

El bolero latinoamericano, por otra parte, tiene sus raíces en el bolero cubano que está relacionado con la habanera, el danzón y la contradanza. El bolero cubano está escrito en compás de 2/4 en forma binaria que proviene de las formas del siglo 19 tales como el danzón, la contradanza y la conga, según el musicólogo Kahl. [2] Los cuartetos del bolero cubano, usualmente sentimentales, están organizados en dos partes musicales caracterizadas por largas líneas melódicas. [3] La fórmula rítmica del bolero cubano se compone del cinquillo (Ejemplo 1) y del tresillo (Ejemplo 2) [4]:

Ejemplo 1. 2/4 ♩♪♩♪♩♪♩ | Ejemplo 2. 2/4 ♩. ♩. ♩ |

---

1   Willie Kahl, "Bolero." <u>The New Grove Dictionary of Music and Musicians</u>, 1980. La traducción es mía.
2   Kahl.
3   Kahl.
4   Kahl.

El musicólogo Gerard Béhague indica que ningún país latinoamericano ha sido la fuente de tantos géneros populares como Cuba, desde la habanera, la danza cubana y el bolero. Dos figuras rítmicas utilizadas por el compositor cubano, Ernesto Lecuona (1896-1963) y por otros compositores en algunos de sus boleros, según Béhague,[5] son las siguientes:

(a) 2/4 ♩ ♫ ♩ ♩ (b) 2/4 ♫ ♩ ♫♫

Juan S. Garrido afirma que "el danzón fue el padre del bolero" en el siguiente pasaje:

> El danzón, baile nacional de Cuba, fue creado, según se dice, en Matanzas, por Miguel Failde en 1879 y hasta cerca de 1920 gozó de gran aceptación en la isla cubana. . . . Tanto en Cuba como en México, el danzón fue el padre del bolero. [6]

Señala Garrido que en 1920, año de la inauguración de El Salón México en la Ciudad de México, estaban de boga en México no sólo el danzón sino también el tango, el pasodoble, el vals y el jazz en las salas de baile. [7] El Salón México comprendía de varias "salas de baile para distintas capas sociales" donde se bailaba todos los bailes de moda aunque parece que prevalecía "el gusto por el danzón en un gran sector del público capitalino." La fama de El Salón México se extendió hasta el extranjero y atraía a los turistas, uno de los cuales fue el compositor norteamericano Aaron Copeland que compuso su obra sinfónica "Salón México" en 1936. [8]

En una extensa descripción del danzón que incluye la fórmula métrica, Garrido dice: "El danzón se escribe en compás de 2/4, basado en el ritmo del 'cinquillo' cubano." [9] (Ver Ejemplo l) Garrido describe claramente las partes del danzón, la instrumentación, etc. Para este estudio, quizás sea más pertinente citar su definición del bolero:

> El mismo ritmo del danzón y la misma forma de escritura se
> introdujo, un tanto más lento y reduciéndolo a una introducción de
> ocho compases sencillos y dos partes de dieciséis compases, en el

---

5 Béhague.
6 Juan S. Garrido, Historia de la música popular en México (México: Editorial Extemporáneos, S.A., 1974) 49.
7 Garrido.
8 Garrido.
9 Garrido.

bolero, que surgió pocos años después de la introducción del danzón [en México] . [10]

El danzón continuó de moda en México por muchos años y El Salón México, que daba "preferencia al danzón, era el lugar predilecto de los amantes de este baile, que quien presume de bailarlo como Dios manda, lo baile en un ladrillo." [11]

En México, Agustín Lara fue "el eslabón entre el danzón y el bolero romántico mexicano." [12] El éxito de su bolero "Imposible" publicado en 1928 "lo llevó a firmar un contrato con el editor Ralph Peer de Southern Music Publishing en México." [13] La influencia de Agustín Lara logró "la transición de la danza mexicana . . . al bolero de extracción cubana" que él "presentó en forma muy personal." [14]

En el área de la música clásica, el musicólogo Kahl señala una nota interesante. Indica que varios compositores europeos utilizaron la figura rítmica del bolero español en algunas obras. Una de las primeras apariciones de esta figura fue el "Bolero a solo" para piano, violín y cello de Beethoven. Otros ejemplos, según Kahl, son: una arietta de Der Freischütz (1821) de Weber; motivos en algunas óperas francesas como Benvenuto Cellini (1838) de Berlioz; boleros para violín y piano (Op. 16 no. 2) y orquesta (Op. 12 no. 5) de Moszkowski. [15] Quizás el ejemplo más conocido es el Bolero para orquesta del francés Maurice Ravel compuesto en 1928. [16]

Agrega el musicólogo Kahl que hay dos tipos de boleros en México: el romántico, que tiene carácter internacional, y el ranchero, acompañado por mariachi. [17] Me parece que los boleros de María Grever se sitúan en el estilo de bolero romántico dada la instrumentación orquestal de las grabaciones, los ensayos y estilo de los conciertos bajo la dirección de la compositora. Aun después de su muerte, se graban sus composiciones con orquesta siguiendo generalmente el estilo y carácter de la partitura original. Sin embargo, existen también cantantes que se acompañan de mariachi para interpretar y grabar con éxito canciones de María Grever.

---

10 Garrido.
11 Garrido.
12 Garrido 64.
13 Garrido 65.
14 Garrido.
15 Kahl.
16 Donald Jay Grout, A History of Western Music (New York: W. W. Norton & Co., 1960) 605.
17 Kahl.

A continuación, se estudian en orden cronológico cuatro boleros con letra y música de María Grever: "Volveré," "Si nuestro amor," "Así" e "Inquietud."

"Volveré"

"Volveré," canción bolero, según la designó María Grever, es una composición romántica, sensual en la que la mujer le canta al hombre que ama. Sucede, sin embargo, que con el tiempo se han invertido los papeles debido a que la mayoría de las grabaciones han sido por tenores o barítonos cantándole a la mujer. La composición fue publicada en 1941 por Robbins International y recibió fama de inmediato.

Esta canción bolero, en forma binaria y escrita en Do Mayor, consta de cincuenta y cuatro compases con cinco compases de introducción. La Parte I, en do menor, consiste en dieciséis compases divididos en frases ABCD. Cada frase consta de cuatro compases. La Parte II, en Do Mayor, consiste en treinta y tres compases divididos en ocho frases AB'AB": CDAB. Cada frase consta de cuatro compases. El atractivo sensual, expresivo, de la pieza se debe al dominio del color armónico característico de la compositora que enlaza acordes de séptimas, novenas, acordes disminuidos y de ciclo de quintas. La sutileza de la línea melódica exhibe un lirismo controlado en perfecto equilibrio con el tejido armónico y con la letra. El coro, que es la Parte II, se repite.

El texto se compone de seis cuartetas heptasílabas con combinaciones de versos sueltos y rima consonante. Los versos de la Parte I son heptasílabo trocaicos o óo óo óo "Yo sé que por mi ausencia." La Parte II emplea combinación del heptasílabo dactílico oo ó oo óo para el primer verso de la estrofa "Volveré como vuelven" y heptasílabo trocaico o óo óo óo para el resto de la estrofa "las más inquietas olas / envueltas en su espuma / tus playas a bañar."

Se nota el perfecto acoplamiento de letra y música cuando ocurre el cambio de las frases musicales C-D, Parte II, compases 38-45, Ejemplo 1. La medida del verso cambia a heptasílabo dactílico oo ó oo óo "Volveré por la noche / cuando estés tú dormido / acallando un suspiro" y regresa a heptasílabo trocaico "tus labios a besar" al terminar la frase musical D con modulación por quintas a la resolución en séptima dominante de sol:

Ejemplo 1. María Grever, "Volveré," compases 38-45. Copyright 1941 por Robbins International Corp. Utilizado con autorización de Grever International, S.A.

Para el enlace con el tema musical frase A, compás 46, emplea el mismo heptasílabo dactílico oo ó oo óo "Para que nunca sepas" y termina la estrofa con el trocaico "que estuve allí contigo...."

El esquema de "Volveré"

	Texto	Música
(6 cuartetas)	a	----------------------------Parte I
	b _____	A
	b	
	c _____	B
	a	
	b _____	C
	b	
	c _____	D

```
(Coro):          ||: a  --------------------------Parte II
                    b  _____  A
                    b
                    c  _____  B'
                    a
                    b  _____  A
                    b
                    c  _____  B"
                    a
                    b  _____  C
                    b
                    c  _____  D
                    a
                    b  _____  A
                    b
                    c  _____  B" :||
```

La bella segunda parte atrajo la atención del público. El efecto sensual, romántico, lo produce el perfecto acoplamiento del color armónico, la curva melódica y fraseo, y el nivel sicológico de las imágenes sugestivas del texto. La pieza teje un tapiz armónico cuyo movimiento está impulsado por el ritmo del tiempo pesado y semipesado de cada compás. El suave pulso rítmico musical semeja el vaivén de las olas y subraya el nivel sicológico, sensual de las imágenes sugestivas que simbolizan el deseo íntimo de la mujer al cantarle al hombre que ama. Estas imágenes ofrecen dos elementos que contrastan: a) la libertad de movimiento espacial y mental de la mujer y b) la inmovilidad y silencio del hombre dormido. Este contraste del movimiento libre de la mujer versus la inmovilidad del hombre se observa en las imágenes-símbolos de la mujer en esta obra: las inquietas olas; las mariposas. La mujer se identifica con las fuerzas inquietas, incesantes del movimiento libre del mar: "Volveré como vuelve / las más inquietas olas." En contraste, el hombre es la playa quieta, fija, a la que ella--libre como las olas--vuelve envuelta "en su espuma/tus playas a bañar," compases 22-29. En otra imagen, ella también es mariposa que vuela libremente por el espacio al caliz de la flor inmóvil--el hombre--"al caliz de las rosas / su néctar a libar," compases 30-37. La mujer escoge cuándo volver y cuándo alejarse. Así, vuelve por la noche cuando "tú estés dormido..../ tus labios a besar ," compases 38-45. Al fin, con la fuerza impaciente de las olas, regresa al mar "como otra inquieta ola / me perderé en el mar," compases 50-53.

<u>"Si nuestro amor"</u> (Fue para ti)   [subtítulo]

Esta encantadora composición--canción-bolero, según indicación de la compositora--se publicó en 1942.   Consta de cuarenta y cinco compases en forma binaria con cuatro compases de introducción en re menor y modulación a Fa Mayor.   Está escrita en compás partido con dos sentencias musicales A'A" en la Parte I.   Cada frase consta de cuatro compases.   La Parte II, en Fa Mayor, consta de treinta y dos compases divididos en frases AB'AB': CDAB".   Cada frase consta de cuatro compases.   La segunda parte, indicada "Coro," se repite.   El atractivo de la pieza reside en la originalidad y color de la estructura armónica, del contorno interesante de la línea melódica y letra.   Trabajando con el ciclo de quintas y con progresiones normales, la autora muestra dominio técnico, frescura y originalidad en el manejo de séptimas, novenas, acordes aumentados y disminuidos.   Los enlaza a una línea melódica interesante creando una pieza expresiva de buen equilibrio armónico.   En el Ejemplo 2, compases 13-20, obsérvese el enlace de los acordes disminuidos, de novenas, séptimas aumentadas y el uso de tresillos en las frases melódicas:

Ejemplo 2.   María Grever, "Si nuestro amor," compases 13-20.   Copyright 1942 por Robbins International Corp.   Utilizado con autorización de Grever International, S.A.

142

El texto consta de cinco cuartetas polirrítmicas de medida variable--octosílabos y eneasílabos la mayoría--con versos sueltos ø los impares y asonantes los pares.

El esquema de "Si nuestro amor" (Fue para ti)

```
                    Texto              Música
              ø    ----------------------------Parte I
              A   _____    A'
              ø
              A   _____    A"
( Coro):   ‖: ø    ----------------------------Parte II
              a   _____    A
              ø
              a   _____    B'
              ø
              a   _____    A
              ø
              a   _____    B'
              A
              B   _____    C
              A
              B   _____    D
              ø
              A   _____    A
              ø
              A   _____    B" :‖
```

La letra, escrita para hombre, expresa el sufrimiento al saberse engañado por la mujer que amó. El amor fue sólo un juego para la amante, según indica la voz masculina al dirigirse a ella en la primera estrofa de la Parte II, compases 13-16, Ejemplo 3: "Si nuestro amor fue para ti / un pasatiempo nada más." En la cuarta estrofa (Parte II, compases 29-36), él pregunta:

> ¿Por qué, si nunca me quisiste
> me mentiste sin temor?
> ¿Por qué, en los besos que me diste
> me fingiste tanto amor?

En la última estrofa, la voz masculina expresa el triste desengaño que sufrió. La frase termina con saltos de tresillos que marcan el arco melódico y enfatizan las palabras de él: "Me vuelve loco el ver lo poco que fue nuestro amor para ti." (Compases 41-45, Ejemplo 3.):

Ejemplo 3. María Grever, "Si nuestro amor," compases 41-45. Copyright 1942 por Robbins International Corp. Utilizado con autorización de Grever International, S.A.

"Así"

Este bolero de gran éxito se publicó en 1946. Su fama reside en el color expresivo de la armonización y particularmente en las imágenes íntimas, sensuales de escenas románticas que evoca la letra. La pieza, escrita en forma binaria y en compás partido, consta de sesenta y cuatro compases organizados de la siguiente forma. La introducción, en fa menor, se compone de cuatro compases. La Parte I, de diecisiete compases, consta de sentencias AB'AB" en fa menor con acordes normales y modulación a Fa Mayor. El matiz es mezzo piano. La Parte II, con indicación "Coro" y signos de repetición, está en Fa Mayor y consta de treinta y dos compases distribuidos en sentencias ABAB: CDAB. La Coda consta de diez compases divididos en dos sentencias AA.

En la Parte II, la playa de noche es el fondo escénico de la pieza: "Una noche de luna en la playa," compases 29-31. Para crear la sensación del suave movimiento de las olas al bañar la playa, la autora emplea varios elementos musicales. Por ejemplo, la sencilla frase temática inicial produce un efecto de suave movimiento por medio de la síncopa. El arco melódico de la frase termina en blancas creando, con la resolución de la cadencia, la sensación pausada de las olas al bañar la playa, compases 22-29, Ejemplo 4:

144

Ejemplo 4.   María Grever, "Así," compases 22-29.   Copyright 1946 por
Portilla Music Corp.   Utilizado con autorización de Grever International, S.A.

El pasaje intermedio de la Parte II, compases 37-45, Ejemplo 5, emplea bello
material nuevo de carácter expresivo en La Bemol Mayor con encadenamiento
dentro del ciclo de quintas y con acordes de séptima y novena. La sección
termina con modulación a Fa Mayor y regreso al tema inicial.

Ejemplo 5. María Grever, "Así," compases 37-45. Copyright 1946 por Portilla Music Corp. Utilizado con autorización de Grever International, S.A.

La Coda, compases 54-64, Ejemplo 6, con matices piano y pianissimo, es un bello y delicado fin a la pieza. El arco melódico es sencillo, lento, bien delineado, compuesto principalmente de blancas y redondas ligadas. Las figuras rítmicas sincopadas del acompañamiento producen un efecto de sutil arrullo propio para el fin de esta composición:

Ejemplo 6. María Grever, "Así," compases 54-64. Copyright 1946 por Portilla Music Corp. Utilizado con autorización de Grever International, S.A.

El texto se compone de dos tercetos en la primera parte y cuatro cuartetos en la segunda parte. Los tercetos se componen de un octasílabo mixto y dos decasílabos compuestos polirrítmicos con rima aBC:aBC. Los cuartetos constan de versos sueltos ø, decasílabos los impares y hexasílabos los pares. La estrofa intermedia se compone de dos heptasílabos y dos octosílabos con rima abab. La Coda consta de un pareado hexasílabo de versos sueltos y un bisílabo.

```
                    El esquema de "Así"
        Texto            Música
          a    ----------------------------Parte I
          B    _____    A
          C    _____    B'
          a
          B    _____    A
          C    _____    B"
( Coro )  ||: ø  ----------------------------Parte II
          ø    _____    A
          ø
          ø    _____    B
          ø
          ø    _____    A
          ø
          ø    _____    B
          a
          b    _____    C
          a
          b    _____    D
          ø
          ø    _____    A      CODA:  a_____A
          ø                             ø
          ø    _____    B :||          a_____A
```

El éxito de esta composición se debe a la sensibilidad e imaginación poética de la autora que revela imágenes íntimas, románticas. Estas imágenes evocan el tema trascendental del amor. El enfoque de la pieza es la escena amorosa de la primera noche en la playa. La voz femenina presenta el tema en el terceto de la Parte I, compases 13-20: "Después de probar tus labios / vivir sin ellos ya no podría / Besa, bésame a mí nada más." La mujer describe lo singular de esta relación en la primera estrofa de la Parte II, (compases 22-29, Ejemplo 4): "Porque un beso como el que me diste / nunca me habían dado / y el sentirme estrechada en tus brazos...." La segunda estrofa enlaza imágenes sensuales con imágenes de noche plateada frente al mar (compases 30-36): "Una noche de luna en la playa / nunca había pasado / escuchando canciones de amores / al amanecer." La tercera estrofa emplea un recurso expresivo del lenguaje romántico: el paralelo entre "las rosas sedientas al rocío" y la mujer enamorada sedienta de amor. El verso expresa sutilmente el deseo íntimo de la mujer al cantarle ella al hombre que ama (compases 37-45, Ejemplo 5): "Como esperan las rosas / sedientas al rocío / con esas mismas ansias / te espero yo a ti, sólo a ti."

La Coda está enlazada a los últimos versos del Coro (compases 50-53): "En el mundo ya no quedan seres que quieran así." Este "así", título de la composición, se repite suavemente en las frases de la Coda (compases 54-64, Ejemplo 6) expresando tiernamente la prolongación de la noche romántica. La síncopa en las voces internas del sostén armónico evoca un sutil arrullo mientras la voz femenina canta: "Así, siempre así / siempre te amaré, así" terminando en pianissimo ritardando.

"Inquietud"

Este bolero se publicó en 1948. Está escrito en Fa Mayor en forma binaria con compás partido y consta de cincuenta y seis compases con cuatro compases de introducción. La primera parte, de catorce compases con sentencias ABC, consta de acordes básicos más progresiones dentro del ciclo de quintas. Emplea tresillos al principio de cada frase y corcheas, blancas y negras al final de cada frase lo cual crea un efecto de ritmo voluble, flotante, que coincide con el título y con los versos sueltos de la pieza. La segunda parte en Fa Mayor, consta de treinta y ocho compases con sentencias ABAB: CDAB"E. Emplea tresillos en cada sentencia con los acordes básicos más progresiones dentro del ciclo de quintas. Utiliza acordes de séptimas, novenas y acordes disminuidos.

El texto consta de un sexteto octosílabo en la primera parte y tres cuartetas, un terceto y un pareado en la segunda parte. Los versos son octosílabos y, en su mayoría, son versos sueltos. La voz masculina canta a la mujer que amó y que se ha ido.

El esquema de "Inquietud"

Texto	Música	
ø	------------------------------	Parte I
A	_____ A	
b		
b	_____ B	
B		
a	_____ C	
ø	------------------------------	Parte II
a	_____ A	
ø		
a	_____ B'	
ø		
a	_____ A	
ø		
a	_____ B	
a	_____ C	
a		
ø	_____ D	
a		
ø	_____ A	
a		
ø	_____ B"	
ø		
ø	_____ E	

Como en las canciones "Despedida," "Celo tropical" y "Volveré," la mujer amada se aleja del hombre después del idilio. Se desvanece en la noche o se desaparece en el mar, como se notó en "Volveré." En el presente bolero (compases 31-33), el hombre dice "te desapareciste en el mar." En los versos del terceto (compases 35-42, Ejemplo 7), la voz masculina sin comprender, pregunta: "Dime, ¿por qué te alejaste/por qué me dejaste tan solo sin ti?"

Ejemplo 7. María Grever, "Inquietud," compases 35-42. Copyright 1948 por Edward B. Marks Music Corp. Utilizado con autorización de Grever International, S.A.

La escena final concluye con el hombre "junto a la orilla del mar" al pie de las palmeras donde se inició el romance. Recuerda a la mujer ausente y le pregunta "a las olas si volverás" (compases 45-49). Ella no volverá ni las olas "saben dónde estás" (compases 52-54).

No encontré reseñas o programas que indicaran que este bolero lo haya conocido el público.

VIII. CANTARITO e "HIMNO DE AMOR A CRISTO"

Este último capítulo observa dos obras de María Grever que se encuentran en los archivos de Grever Internacional de México pero que debido a su carácter o género diferente, las separé de los grupos anteriores. Estas obras son Cantarito, Musical Poem y un "Himno de Amor a Cristo."

Cantarito, Musical Poem

El manuscrito de la partitura orquestal de El Cantarito, Musical Poem mide 15" x 10" y consta de sesenta y tres páginas. El libretto mide 12" x 8" y consta de nueve páginas y el de la letra de las canciones consta de cuatro páginas. Toda la obra está en inglés. La cubierta indica el título con letras grandes de molde: Cantarito Musical Poem by María Grever. El subtítulo es "an Operetta in Miniature." Todas las páginas están sueltas. No hay ninguna indicación que se haya publicado. Como está indicado anteriormente en el Capítulo III, el Cantarito probablemente data de 1939. El elenco artístico estuvo formado por los siguientes cantantes norteamericanos:

Tío Pascual, the village patriarch	John A. Regan
Gaspar, the romantic peasant	Brooks Dunbar
Don Alfredo	Ralph Magelssen
Rosario	Dorothy Miller
Carmen, a peasant girl	

Village children, dancers, workers, townspeople

El asunto de la pequeña obra es el siguiente: Gaspar, campesino tímido, enamorado de Rosario, no se atreve a declararle su amor. Llega un joven teniente, Alfredo, que sí sabe conquistar a Rosario. Rosario se enamora del teniente y se va con él, dejando a Gaspar lamentántose en la plazuela, donde toma lugar la acción de Cantarito. En el centro de la plazuela española está un pozo de agua a donde viene Rosario con su cántaro. En las primeras escenas, ella le canta al "cantarito", de donde proviene el título de la obra.

El manuscrito no tiene poemas. Cada cantante canta dos o tres frases repetidas intercaladas en el diálogo. Sólo hacia el final hay un "Angelus", poema de dieciseis versos en inglés con cinco versos del Ave María en latín. El "Angelus" termina con ocho versos en inglés.

El final de Cantarito termina con una canción de doce versos en inglés. Este poema final canta a España, cuna del baile, del ritmo y el amor. Los cuatro primeros versos de este poema final en inglés son:

> Spain is the cradle of dancing,
> Spain with its rhythm entrancing,
> Love is the theme of our singing,
> when laughter is ringing.

La partitura de Cantarito está escrita para flauta, oboe, clarinete, saxofón, trompeta, trombón, batería, piano, harpa, primeros y segundos violines, viola, cello y bajo. Está escrita en Mi Bemol Mayor y consta de cuatro partes indicadas Introducción, Trío, Angelus y Final. La introducción consta de 39 compases. Los compases 1-5 están escritos en 3/4. En el compás 6, el tiempo cambia a 6/8 Allegretto para los compases 6-39. Emplea tresillos, síncopa y figuras rítmicas españolas para darle el aire de carácter español a la escena. La armonía es la usual y la textura orquestal es transparente a lo largo de la obra.

El Trío consta de 126 compases. Está escrito en compás de 6/8 en Fa Mayor con modulaciones a la menor, Do Mayor y La Bemol Mayor. El Angelus. en Fa Mayor, está escrito para coro y consta de 77 compases en 4/4. El Final, en Fa Mayor, consiste en 24 compases en 6/8. Emplea tresillos y síncopa; la armonización es la usual.

El manuscrito no contiene las canciones con la letra. La letra está escrita a máquina en hojas aparte sin música. Posiblemente se haya perdido el manuscrito de esas canciones.

Como se mencionó, esta obra se presentó como "juguete musical" intercalado en programas de veladas musicales que solían presentarse en Nueva York en esa época.

En seguida, obsérvese cuatro muestras de la partitura manuscrita de Cantarito. La primera muestra, páginas 3 y 4 del manuscrito, consta de los compases 9 a 16 de la introducción a Cantarito. La segunda muestra es el principio del "Angelus," compases 1 a 4. La tercera partitura es el Final de Cantarito, compases 1 a 4:

"OPENING"
pp subito
ff subito
SOLO
mp
9
10
11
12
Flute
Oboe
Clar
Saxes
A
A
T
Tpts
Tbne
SOLO
AD LIB RIM SHOTS
Drums
FLUTE SOLO
DRUM SOLO
Piano
Harp
Vlns A
B
C
Viola
Cello
Bass
pp
p

Cantarito "Opening"
4
15
13
14
16
Flute
Oboe
Clar
A
A
T
Tpts.
Tbne
Drum
Piano
Harp
glis
Vns A
B
C
Viola
Cello
Bass
No. 4

Cantarito – "Angelus" (C.)

Note to Conductor – If instead of one Solo Soprano, all the 1st Sopranos sing the melody, have the other two Violins play in unison with A.

Finale *Cantanto Finale* (D.)

"Himno de amor a Cristo"

María Grever compuso la música de este himno cuyo texto está basado en el famoso "Soneto a Cristo crucificado," soneto anónimo ascético del siglo 16.[1] Como se ha anotado en el Capítulo III, su hijo, Carlos Grever, indica que su madre "lo compuso cuando estaba ya muy enferma,"[2] por lo cual yo lo situaría en el otoño de 1951 antes de su muerte, el 15 de diciembre, 1951. El manuscrito de los Archivos Grever indica que fue publicado por Portilla Music Corporation de Nueva York. Lamentablemente, el manuscrito no tiene la fecha de publicación.

Esta composición es un trabajo serio de la compositora con acompañamiento de acordes disonantes que sostienen una línea vocal silábica de estilo recitativo. No hay indicación que esta pieza se haya presentado en público o que se haya grabado. No encontré artículos ni recortes de periódico en el Archivo Grever que mencionen esta composición.

El himno consta de treinta y ocho compases dispuestos en cuatro partes. La composición, con dos compases de introducción, está escrita en compás de 4/4 en La Bemol Mayor con frases musicales AB en cada parte.

La parte central (compases 18-29), contiene un problema que se observó en "La última canción de María Grever": el equilibrio armónico, la concepción artística y el dominio del oficio característico de la autora, está ausente en esta parte. Los acordes repetidos de quintas paralelas en el acompañamiento crean un efecto pesado, estancado y hueco que no contribuyen al interés armónico de la parte central. Se notan, además, defectos armónicos en los compases 10, 20, 21, 28 y 29 que no se encuentran en sus otras composiciones. O sea, que desde el compás 10 al 29, se nota la falta de estilo y dominio armónico característico de la compositora. Es imposible saber si ella dictó la composición a alguien debido a su enfermedad. Me inclino a pensar que ese fue el problema de estos compases, basándome en el conjunto de su obra anterior que no tiene errores en la armonía o en las modulaciones.

---

1 Nicholson B. Adams y John E. Keller, Breve panorama de la literatura española (Madrid: Editorial Castalia, 1968) 85.
2 Carlos Grever, 8-11-86.

Ejemplo 1. María Grever, "Himno de amor a Cristo," compases 19-25. Copyright 19? por Portilla Music Corp. Utilizado con autorización de Grever International, S.A.

La última parte, períodos AB en La Bemol Mayor (compases 30-38), recupera algo de vitalidad. La línea melódica comienza con un intento moderno, Ejemplo 2, compases 30-32:

Ejemplo 2. María Grever, "Himno de amor a Cristo," compases 30-32. Copyright 19? por Portilla Music Corp. Utilizado con autorización de Grever International, S.A.

La obra termina con acordes armónicos firmemente tradicionales en los últimos seis compases con matices forte ritardando a pianissimo, Ejemplo 3, compases 34-38:

Ejemplo 3. "Himno de amor a Cristo," María Grever, compases 34-38.
Copyright 19? por Portilla Music Corp. Utilizado con autorización de Grever
International, S.A.

APÉNDICE

DISCOGRAFÍA

Lista breve de obras grabadas en disco con letra y música de María Grever:

Título	Cantante	Orquesta [1]	Marca del Disco
"Alma mía"	Libertad Lamarque	Orquesta	RCA Victor
"Alma mía"	Nicolás Urcelay	Orquesta	Columbia
"Alma mía"	Alberto Angel, "El Cuervo"	El Mariachi de América de Jesús Rodríguez de Hijar	PolyGram
"Altiva"	Alfonso Ortiz Tirado	Orquesta	RCA Victor
"Altiva"	Hugo Avendaño	Orquesta	RCA Victor
"Así"	Nicolás Urcelay	Orquesta de Eleazar Martínez	Columbia
"Así"	Luis G. Roldán	Orquesta de Juan S. Garrido	Peerless
"Así"	Libertad Lamarque	Orquesta de Chucho Zarzosa	Victor
"Así"	Alberto Angel	El Mariachi de América de Jesús Rodríguez de Hijar	PolyGram
"Bonita como las flores"	Pedro Vargas	Orquesta de Mario Ruiz Armengol	Víctor
"Brisas"	Carlos Mejía	Orquesta	Víctor
"Cariñito"	Tito Guízar	Orquesta	Víctor
"Cobarde"	Alfonso Ortiz Tirado	Hal Roach Studio Orchestra Leroy Shields, Director	Víctor
"Como tú y yo"	José Mojica	Hollywood Recording Studio Orchestra	Víctor

[De la película Fox The Forbidden Melody, Hollywood.]

---

1 El nombre de la Orquesta y el Director se da si el disco tiene esa información.
Los datos para esta Discografía se obtuvieron de los archivos de: RCA Victor Records, New York City; Biblioteca del Congreso, Motion Picture, Broadcasting and Recorded Sound Division, Washington, D.C.; NBC Music Research Files, New York City; The New York Public Library Music Division; The Hispanic Society of America, New York City; colecciones particulares de Carlos Grever y de Angela Rodríguez Fernández.

"Conque ese era tu amor"	María Grever	Hal Roach Studio Orchestra Leroy Shields, Director	Victor
"Cuando me vaya"	José Mojica	New York Víctor Orchestra Robles, Director	Víctor
"Cuando me vaya"	Libertad Lamarque	Orquesta de Mario Ruiz Armengol	RCA Victor
"Cuando me vaya" Nicolás Urcelay	Orquesta	Columbia	
"Cuando me vaya"	Alberto Angel	El Mariachi de América de Jesús Rodríguez de Hijar	PolyGram
"Cuando vuelva a tu lado"	Roberto Pereda	Orquesta	SMC
"Cuando vuelva a tu lado"	Libertad Lamarque	Orquesta de Chucho Zarzosa	Victor
"Cuando vuelva a tu lado"	Nicolás Urcelay	Orquesta	Columbia
"Cuando vuelva a tu lado"	Eddie Gorme y	Trío Los Panchos	Columbia
"Cuando vuelva a tu lado"	Alberto Angel	El Mariachi de América de Jesús Rodríguez de Hijar	PolyGram
"Chamaca mía"	Juan Arvizu	Orquesta	Víctor
"¿De dónde?"	Juan Arvizu	CBS Orchestra Típica Alfredo Antonini, Director	Columbia
"Devuélveme mis besos"	Jorge Fernández	Orquesta de José Alonso	Peerless
"Devuélveme mis besos"	Nicolás Urcelay	Orquesta de Eleazar Martínez	Columbia
"Devuélveme los besos"	María Grever	Hal Roach Studio Orchestra	Victor
"El cantar de mi guitarra"	Alfonso Ortiz Tirado	Orquesta de Juan S. Garrido	Okeh
"En alta mar"	Cuarteto Machin		Víctor
"Eso es mentira"	Libertad Lamarque	Orquesta de Chucho Zarzosa	Víctor
"Florecita"	Alfonso Ortiz Tirado	Hal Roach Studio Orchestra Leroy Shields, Director	Víctor

"Gypsy Lament" ["Lamento gitano"] :
[De la película Producción Pickford-Lasky <u>The Gay Desperado</u>,
Hollywood]

	Carmen Castillo	Orquesta de Carlos Molina	Decca
"Heartstrings"	----------	Henry Biagini Orchestra	Banner
"Júrame"	José Mojica	Víctor Orchestra, Robles, Director	Víctor
"Júrame"	----------	Harry Horlick Orchestra	MGM
"Júrame"	----------	Harry Horlick Orchestra	Decca
"Júrame"	Nicolás Urcelay	Orquesta	Columbia
"Júrame"	Plácido Domingo	Orquesta	PolyGram
"Júrame"	Alberto Angel	El Mariachi de América de Jesús Rodríguez de Hijar	PolyGram
"Júrame"	Adrián Gallardo	Orquesta de Noé Fajardo	Peerless
"Júrame"	----------	Jerry Gray Orchestra	Decca
"Júrame"	Libertad Lamarque	Orquesta de Chucho Zarzosa	Víctor
"Júrame"	Los Tres Diamantes	Trío	RCA Victor
"Júrame"	Néstor Mesta Chayres	Orquesta.V. Fidanzini	RCA Victor
"Júrame"	Juan Pulido	Orquesta	Víctor
"Júrame"	Pilar Arcos	Orquesta Típica	Brunswick
"Júrame"	Carlos Ramírez	Orquesta Roberto V.Arnau	SMC
"Júrame"	----------	Orquesta de Mario Ruiz Armengol	Víctor
"Labios rojos"	Alfonso Ortiz Tirado	Víctor Orchestra	Víctor
"Lamento gitano"	Alfonso Ortiz Tirado	Leroy Shields Orchestra	Víctor
"Lamento gitano"	María Grever	Orquesta	Víctor
"Lamento gitano"	Nino Martini	Howard Barlow Orchestra	Columbia
"Lamento gitano"	Carlos Ramírez	Orquesta Roberto V.Arnau	SMC
"Lamento gitano"	Néstor Mesta Chayres	Orquesta Alfredo Antonini	Decca
"Lamento gitano"	Nicolás Urcelay	Orquesta	Columbia
"Lamento gitano"	----------	Stan Kenton Orchestra	Decca

Song	Artist	Orchestra	Label
"Lero, Lero del Brasil"	Mercedes Simone	Juan Carlos Cambon	Víctor

"Magic is the Moonlight" ["Te quiero, dijiste"] :

[De la película MGM, <u>Nancy Goes to Río</u>, Hollywood]

Song	Artist	Orchestra	Label
	Ann Sothern, Jane Powell	MGM Orchestra	MGM
"Magic is the Moonlight"	Andy Russell	MGM Orchestra	Capitol

[De la película MGM, <u>Bathing Beauty</u>, Hollywood]

Song	Artist	Orchestra	Label
"Magic is the Moonlight"	----------	Jimmy Dorsey Orchestra	Decca
"Magic is the Moonlight"	----------	Robert Maxwell Orchestra	MGM
"Magic is the Moonlight"	Anacani (Disco bilingüe)	Orquesta	Anahuac
"Make Love with a Guitar"		Carlos Molina Orchestra	Continental
"Make Love with a Guitar"	----------	Horace Heidt Orchestra	Columbia
"Make Love with a Guitar"	----------	Tommy Reynolds Orchestra	Vocalton
"Make Love with a Guitar"	----------	Kenny Baker Orchestra	Victor
"México canta"	Mario Gil	Orquesta de Noro Morales	Seeco
"Mi canción"	Carlos Ramírez	Orquesta	Víctor
"Mi sarape"	Juan Arvizu	CBS Orquesta Típica Alfredo Antonini, Director	Columbia
"Mi secreto"	María Grever	Hal Roach Studio Orchestra	Víctor
"Mucho más"	Néstor Mesta Chayres	G. Andreani Orquesta	Víctor
"Mucho más"	Bobby Capo	Orquesta	Seeco

"My First, My Last, My Only" ["Te vi"]:

Song	Artist	Orchestra	Label
	Andy Russell	Paul Haston Orchestra	Capitol
"My Margarita"	----------	Richard Himber Orchestra	Víctor
"My Margarita"	----------	Horace Heidt Brigadiers	Brunswick
"My Margarita"	----------	Jan Savitt Orchestra	Bluebird
"My Margarita"	----------	Ruby Neumann Orchestra	Decca

"Ni de día ni de noche"	José Mojica	Victor Orchestra Robles, Director	Víctor
"No espero nada de ti"	Bobby Capo	Orquesta	Seeco
"No espero nada de ti"	Néstor M.Chayres	Orquesta	Víctor
"No me lo digas"	Nino Martini	Orquesta Alfredo Antonini	Columbia
"Ojas secas"	María Grever	Hal Roach Studio Orchestra	Víctor
"¿Para qué recordar?	Carlos Ramírez	Victor Concert Orchestra Alfredo Cibelli, Director	Víctor
"Por si no te vuelvo a ver"	Alfonso Ortiz Tirado	Orquesta	Víctor
"Por si no te vuelvo a ver"	Raffi Muñoz	Orquesta de Rafael Somavilla	Víctor
"Por si no te vuelvo a ver"	Libertad Lamarque	Orquesta	RCA Victor
"Por si no te vuelvo a ver"	Alberto Angel	El Mariachi de América de Jesús Rodríguez de Hijar	PolyGram
"Te quiero, dijiste"	Alfonso Ortiz Tirado	Hal Roach Studio Orchestra Leroy Shields, Director	Víctor
"Te quiero, dijiste"	Consuelo Meléndez	Orquesta Camacho	Azteca
"Te quiero, dijiste"	Miguelito Valdéz	Orquesta de Nono Morales	Seeco
"Te quiero, dijiste"	Libertad Lamarque	Orquesta de Mario Ruiz Armengol	RCA Victor
"Te quiero, dijiste"	Sexteto Flores	Sexteto Flores	Brunswick
"Te quiero, dijiste"	Nicolás Urcelay	Orquesta	Columbia
"Te quiero, dijiste"	Anacani (Disco bilingüe)	Orquesta	Anahuac
"Te quiero, dijiste"	Plácido Domingo	Orquesta	PolyGram
"Te quiero, dijiste"	Alberto Angel	El Mariachi de América de Jesús Rodríguez de Hijar	PolyGram
"Te vi"	Tito Guízar	Orquesta de Tito Guízar	Víctor

166

"Tipitín"	Horace Heidt & His Brigadiers		Víctor
"Tipitín"	Andrews Sisters	Vic Schoen & His Orchestra	Decca
"Tipitín"	Donald King	Roy Sheck & His Orchestra	Decca
"Tipitín"	Bob Grant	Orchestra	Decca
"Tipitín"	El Trío Lírico	con Guitarras	Vocalon
"Tipitín"	Perla Marini	Orchestra	Víctor
"Tipitín"	Libertad Lamarque	Orquesta de Chucho Zarzosa	RCA Victor
"Tipitín"	Quinteto La Plata	Quinteto La Plata	Víctor
"Tipitín"	----------	Benny Goodman and His Orchestra	Víctor
"Tipitín"	Carmen Lombardo	Guy Lombardo and His Royal Canadians	Víctor
"Tipitín"	Male Trio	Guy Lombardo and His Royal Canadians	Víctor
"Tipitín"	Rondalla Las Flores de La Laguna		Discos Gas
"Todo mi ser"	Néstor Mesta Chayres	Handler Orchestra	Víctor
"Todo por ti"	Nicolás Urcelay	Orquesta de Eleazar Martínez	Columbia
"Todo por ti"	[tango]	Orquesta de Nilo Menéndez	Columbia
"Todo por tí"	Fortunio Bonanova	Orquesta Típica Argentina	Okeh
"Todo por ti"	----------	Orquesta Alonzo	Brunswick
"Tu-li-Tulip Time"	Andrews Sisters	Jimmy Dorsey and His Orchestra	Decca
"Tu-li-Tulip Time"	Horace Heidt & His Brigadiers		Brunswick
"Tú, tú y tú"	Juan Arvizu	Orquesta	Víctor
"Tú, tú y tú"	Libertad Lamarque	Orquesta de Chucho Zarzosa	RCA Victor
"Tú, tú y tú"	Hugo Avendaño	Orquesta	RCA Victor
"Tú, tú y tú"	Alberto Angel	El Mariachi de América de Jesús Rodríguez de Hijar	PolyGram
"Un beso"	Hugo Avendaño	Orquesta	RCA Victor

167

"Un sueño"	Alfonso Ortiz Tirado	Hal Roach Studio Orchestra Leroy Shields, Director	Víctor
"Volveré"	Carlos Molina	Music of the Américas	Capitol
"Volveré"	Libertad Lamarque	Orquesta de Mario Ruiz Armengol	RCAVictor
"Volveré"	Nicolás Urcelay	Orquesta	Columbia
"Volveré"	Alberto Angel	El Mariachi de América de Jesús Rodríguez de Hijar	PolyGram
"What A Difference A Day Made" ["Cuando vuelva a tu lado"]:			
"	Bob Crosby	Dorsey Brothers Orchestra	Decca
"	Jerry Cooper	Orchestra	Melotone
"	Kay Starr	Charlie Barnet Orchestra	Decca
"	Joan Brooks	Joan Brooks Radio Orchestra	Musicraft
"	Corinna Mura	Orchestra	Decca
"	Nellie Lutcher	Harold Mooney & Orchestra	Capitol
"	----------	Benny Carter & Orchestra	Bluebird
"Ya no me quieres"	Nicolás Urcelay	Orquesta	Columbia
"Ya no me quieres"	Pedro Vargas	Conjunto "El Patio" del Chamaco Domínguez	Víctor
"Ya no me quieres"	Libertad Lamarque	Orquesta de Chucho Zarzosa	RCA Victor
"Ya no me quieres"	Bobby Capo	Orquesta	Seeco
"Ya no me quieres"	Alberto Angel	El Mariachi de América de Jesús Rodríguez de Hijar	PolyGram
"Yo canto para ti"	Ramón Armengod	Orquesta	Decca
"Yo no sé"	Rodolfo Hoyos	Orquesta	Melotone

<u>Discos grabados en Nueva York por María Grever con canciones suyas y de otros compositores.</u> Información de The Hispanic Society of America:

(1918 - 1919)

"Estrellita"	María Grever	Orquesta Fernando L. Cabello	Emerson
"Los besos que te di"	María Grever	Orquesta F. L. Cabello	Emerson
"Ojos tapatíos"	María Grever	Orquesta F. L. Cabello	Emerson
"Ya soy feliz"	María Grever	Orquesta F. L. Cabello	Emerson

(Marzo 7 - Abril 5, 1940)

"Bonita"	María Grever	Trío Américas Unidas	Víctor
"Amor tropical"	María Grever	Trío Américas Unidas	Víctor
"Noche de amor"	María Grever	Trío Américas Unidas	Víctor
"Music from the Moon"	María Grever	Trío Américas Unidas	Víctor
"Canta y canta"	María Grever	Trío Américas Unidas	Víctor
"Ay, mulita"	María Grever	Trío Américas Unidas	Víctor

BIBLIOGRAFÍA

Adams, Nicholson B. y John E. Keller. Breve panorama de la literatura española. Madrid: Editorial Castalia, 1968.

Alvarez Coral, Juan. Compositores mexicanos. México: Editores Asociados, S. de R.L., 1971.

Aretz, Isabel. "La música como fachada cultural." América Latina en su música. México: Siglo XXI Editores, S.A., 1980.

Atkinson, Brooks. Reseña de Viva O'Brien! de María Grever y Raymond Leveen. New York Times Theater Reviews. 17 Oct. 1941: n.p.

Béhague, Gerard. La música en América Latina. Caracas: Monte Avila Editores, C.A., 1983.

_____, "Latin American Popular Music, Mexico, Caribbean." The New Grove Dictionary of Music and Musicians. 1980 ed.

_____, "Tango." The New Grove Dictionary of Music and Musicians.1980 ed.

Bordman, Gerald. Jerome Kern. His Life and Music. New York: Oxford University Press, 1980.

"Canción." Enciclopedia de México. 1977 ed.

Cardon, Hugh. "A Survey of Twentieth Century Mexican Art Song." Tesis doctoral. University of Oregon, 1970.

Carpentier, Alejo. "América Latina en la confluencia de coordenadas históricas y su repercusión en la música." América Latina en su música. Ed. Isabel Aretz. México: Siglo XXI Editores, S.A., 1980.

de Grial, Hugo. Músicos mexicanos. México: Editorial Diana, S.A., 1978.

de Parodi, Enriqueta. Alfonso Ortiz Tirado. Su vida en la ciencia y en el arte.México: Editorial Don Bosco, S.A., 1964.

Garrido, Juan S. Historia de la música popular en México. México: Editorial Extemporáneos, S.A., 1974.

Goldberg, Isaac. George Gershwin. New York: Frederick Ungar Publishing Co., 1958.

González-Zuleta, Fabio. "Adiestramiento del artista en el medio social." América Latina en su música. Ed. Isabel Aretz. México: Siglo XXI Editores, S.A., 1980.

Grout, Donald Jay. A History of Western Music. New York: W.W. Norton & Co., 1960.

Kahl, Willie. "Bolero." The New Grove Dictionary of Music and Musicians.1980.

Mattfeld, Julius. Variety. Englewood Cliffs, N.J.: Prentice-Hall, Inc., 1962.

Mojica, José. Yo, pecador. México: Editorial Jus, S.A., 1974.

Moreno Rivas, Yolanda. Rostros del nacionalismo en la música mexicana. México: Fondo de Cultura Económica, 1989.

Navarro Tomás, T. Métrica española. Madrid: Ediciones Guadarrama-Labor, 1974.

Robinson, Francis. Caruso. New York-London: The Studio Publications, Inc. with Thomas Y. Crowell Co., 1957.

Saldívar, Gabriel. Historia de la música en México. México: SEP, Publicaciones del Departamento de Bellas Artes, 1934.

Schwartz, Charles. Cole Porter: A Biography. New York: DaCapo Press, Inc., 1979.

Torres Martínez, Gonzalo. Los Torres de Jaén en México. Raíces, Tronco y Ramas de una estirpe milenaria. México: Editorial Jus, 1975.

"Waltz." New Grove Dictionary of Music and Musicians. 1986 ed.

Woolcott, Alexander. The Story of Irving Berlin. New York: DaCapo Press, 1983.

HEMEROGRAFÍA

Alvarez, Luis R. "María Grever y Alfonso Ortiz Tirado ovacionadísimos en el Libery Hall." El Fronterizo 17 de marzo de 1930:1.

Anthony, Michael. "Erich Leinsdorf: Music is a Commercial Venture." Minneapolis Star Tribune 3 Oct. 1986: 5 C.

"Arte musical." La Opinión 15 de marzo de 1936.

Cullinan, Joseph. Entrevista personal. 11 de agosto de 1986.

Dalevuelta, Jacobo. "La autora de 'A una ola' arribó ayer a esta ciudad." El Universal 29 de octubre de 1929: 1.

"De charla con María Grever, la gran compositora mexicana." Entrevista. La Opinión 14 de marzo de 1936: 7.

"Delirante entusiasmo ha producido el anunciado concierto de la Señora Grever y el tenor Dr. Alfonso Ortiz Tirado." El Continental 13 de marzo de 1930: 3.

D'Erzell, Catalina. "Digo yo como mujer . . . México triunfa en New York." Excélsior 30 de junio de 1934: 3.

"De Música. Concierto Panamericano esta noche en Carnegie Hall." La Prensa 21 de junio de 1946.

"El recital de sus melodías musicales. Le tituló 'La Juventud de las Américas canta'." La Prensa 17 de abril de 1940.

Fernández Aldaña, B. "María Grever, compositora de ' Tipitín ' enseña español a los norteamericanos por medio de la música." El Liberal Progresista 13 de enero de 1943.

"Fiesta de despedida a la Sra. de Mendoza." La Opinión [mes ?] 1929 : 1.

Gamboa, José Joaquín. "La presentación de María Grever en el Teatro Fábregas." Teatralerías 23 de noviembre de 1929.

Grever, Carlos. Entrevista personal. 11 de agosto de 1986.

Guzmán, Edith. "El centenario del nacimiento de María Grever sirve para recordar sus canciones inmortales." El Nacional [Venezuela] 2 de septiembre de 1985: C 8.

"Hoy llegan a Cd. Juárez la compositora María Grever y el tenor A. Ortiz Tirado." El Continental 12 de marzo de 1930: 12.

Lamar, Martha. "El embrujo dominicano. Tête à tête con María Grever." El Mundo 12 de abril de 1936.

"María Grever, nuestra señora de la inspiración latina." Entrevista. La Opinión 14 de marzo de 1936: 2.

"María Grever presentará la crema de sus éxitos musicales la noche del 16." La Prensa 14 de abril de 1940.

"María Grever obsequió a Néstor Mesta Chayres." La Prensa 18 de junio de 1946.

"María Grever's Works Sung. 1939." Review. New York Times 6 Mar. 1939: 13.

Navarro, Gabriel. "Hace música y hace patria. María Grever, la inspirada autora de 'Chiquitita mía', nos cuenta sus impresiones." La Opinión 16 de mayo de 1929: 1.

Navarro, José. "De charla con María Grever, la Bohemia Dorada." La Semana Ilustrada febrero de 1929.

"Song-Hit Writer Once Gave Clothes to Christ Child." Catholic Telegraph Register Easter 1938: 2.

DOCUMENTOS

Acta de Bautismo de María Joaquina de la Portilla Torres. Copia, Archivo particular de Grever International, S.A., México, D.F.

Cullinan, Joseph. Colección particular. San Antonio, Texas.

Dragonette, Jessica. Collection. Library of Congress, Motion Picture, Broadcasting & Recorded Sound Division. Archivist Edwin M. Matthias. Washington, D.C.

Grever, Carlos. Archivo particular, Colección particular. San Antonio, Texas y México, D.F.

Grever International, S.A. Archivo particular, Colección particular. México, D.F.

Grever, María. Library of Congress, Motion Picture, Broadcasting & Recorded Sound Division. Archivist Edwin M. Matthias. Washington, D.C.

Hispanic Society of America, The. Archives. Theodore Beardsley, Jr., Director. New York, N.Y..

NBC Music Research Files, María Grever. New York Public Library, Music Division.

NBC Radio Collection Index. Library of Congress. Washington, D.C.

R-Fernández, Angela. Colección particular. Nashville, Tennessee.

Victor-RCA Victor. Archives. Bernadette Moore, Archivist. New York, N.Y.